長岡 吾朗
Nagaoka Goro

ひとり起業は苦しい。だけど、乗り越えられる

Starting a business alone can be hard, but you can overcome them.

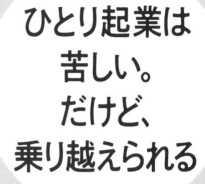

注　意

(1) 本書は著者が独自に調査した結果を出版したものです。

(2) 本書は内容について万全を期して作成いたしましたが、万一、ご不審な点や誤り、記載漏れなどお気付きの点がありましたら、出版元まで書面にてご連絡ください。

(3) 本書の内容に関して運用した結果の影響については、上記 (2) 項にかかわらず責任を負いかねます。あらかじめご了承ください。

(4) 本書の全部または一部について、出版元から文書による承諾を得ずに複製することは禁じられています。

(5) 本書に記載されているホームページのアドレスなどは、予告なく変更されることがあります。

(6) 商標
　本書に記載されている会社名、商品名などは一般に各社の商標または登録商標です。なお、本文中には©、®を明記しておりません。

はじめに

●起業を考えているあなたへ

不透明な経済、不安材料でいっぱいの世の中。リモートワークや副業で会社への帰属意識も徐々に変化し、自宅で自身の将来について考える時間が増えた人たちもいると思います。

同時に独立志向も高まってきており、新しい生き方の1つとして起業という言葉を聞く機会も増えてきました。

では一体、脱サラして「たったひとり」で起業をしたら、何が起こるのでしょうか？簡単に答えを述べるならば、**「メンタル」と「お金」の悩み**です。

メンタルと言うのは、主に**「孤独との戦い」**です。

書店やネット書店を見ると、数多くの起業本が棚に並んでいます。

GE、コカコーラ、ソニー、パナソニック（松下電工）から始まって、アップル、テスラといった世界的企業の成り立ちや社長の名言、著者自身の壮大な成功体験談、経営者としての哲学から決算書に特化したものまで多岐にわたっています。

しかし例えば、普通の会社員だった人がたったひとりで独立を果たして、実際にどんな問題や課題が起こって、どう対応していったのかなど、マイナスの面も含めて参考になるような、詳細かつ等身大のサバイバル本というのは、なかなか見当たりません。

実際に、私自身がひとり起業をしてみて、それらの本に書いてある華々しい話と実際の状況とは大きな齟齬《そご》があると肌で感じていました。

起業と言うと、キラキラした場面ばかりが強調されますが、**実際の等身大の悩みについてはあまり多くの方に語られていない**と感じます。

限られた資本の中、たったひとりで会社を設立し、ひとり（もしくはプラスα）で運営していく私のような会社と、大手企業の社内ベンチャーで経営者が会社員待遇の会社や、全国に展開をしていく資本が潤沢《じゅんたく》な会社では、最初からすべて異なった発想と考え方で経営に臨まなくてはなりません。

資本も潤沢ではない「ひとり会社」をどう運営していくのか、どうサバイブしていくのかが大切なのであって、数百人もいるような会社のサバイバル術を私たちが求めているわけではありません。

私ひとりで体験してきた体験やぶち当たった問題、失敗談、そしてそれらに対してどう試行錯誤して対応してきたか、どんな工夫があればもっとうまくいくのかなど、実体験に基づくヒントこそ起業を目指す方に必要な情報だと思います。

起業は、頑張れば自分ひとりの意思だけで挑戦することができます。

ただし、ひとり起業は正直、苦しいです。

でも同時に、ひとり起業は新しい生き方や働き方の1つであり、自分の人生を切り拓いていくための挑戦でもあります。

起業した会社の生存率は非常に厳しいですが、例え途中で業種が変わろうとも、経営を長期間続けていくことで会社が安定してくることも事実です。

そして、その「続けるコツ」さえ理解できれば、その大変さをしっかりと乗り越えていくことができます。

起業を続けるコツが分かれば、大変なことも乗り越えられる！

私はひとり起業でPR会社（広報代理店）を運営していますが、本書では、IT起業やWeb制作、デザイナーとして独立される方、ものづくりや製品、コンサルティングなどのサービスを提供する方はもちろんのこと、店舗経営や士業の方をはじめ、株式会社、合同会社、フリーランス（個人事業主）、副業の方など、幅広い事業や組織、枠組みにも参考にしていただけるような内容構成となっています。

私は2009年に創業しましたが、日々社会が複雑かつ多様化していく中、私が実際に起業・運営していく中での体験やその過程で出会った多くの悩み、解決に導いていったヒントなどを、等身大のコンテンツとして皆さまに伝授させていただき、今後の会社経営に役に立てていただきたいと考えています。

現在は会社員で、近い将来に独立や起業をしたいと考えている方、起業をキャリア形成における選択技の1つにしたい方、定年後に起業を考えている方、副業で起業したい方、主婦で起業したい方、もしくは起業して間もない方など、性別や年齢、専門性やキャリアなどを問わず、皆さまの**「起業・経営サバイバル術」として、そして起業を通して自分の存在価値を高めていくためのヒント**として、ぜひ本書を参考にしていただけたら幸いです。

また、本書では、起業してはじめて分かった赤裸々《せきらら》な場面をも共有させていただきました。

ぜひ、そんなこともあるのだと頭のどこかに置いていただき、あなたの夢や目標へと繋げていっていただければと思っています。

まずは目標として、会社運営を5年、そして10年間続けてみましょう。

5年、そして10年経った時には、あなたは起業家として確固たる自信がつき、ますますビジネスが飛躍を遂げていくことでしょう。

そして、その過程において、迷ったり悩んだりした際には本書を読み直してみてください。本書の内容を知っていて損はないことを１２０％保証いたします。

長岡 吾朗

目次

第3章 起業時に考えること

第4章 ひとり会社経営のヒント

第5章 ひとり起業で注意してほしいこと

第6章 不安や心配ごとに対する処方箋（メンタル編）

第7章　人間関係と孤独への対処法（メンタル編）

第8章　お金の不安を乗り越えよう

第9章　ひとり起業ライフのヒント

コラム

第1章

起業前に考えること

01

なぜ多くの起業家は失敗してしまうのか？

知識共有プラットフォーム（ＳＮＳ）のＱｕｏｒａ《クオーラ》で「なぜ多くの起業家は失敗してしまうのでしょうか？」という質問があり、私は以下のような回答を書きました。

35歳で会社員から起業し、16期目（２０２４年）になります。その経験から、いくつか私感を申し上げたいと思います。

最近若い方から起業についてのアドバイスを求められます。

多くの方がメディアなどから影響を受け（ほんの一握りの派手な若社長などから）イメージを重視、自分のアイディアを売って（認めてもらって）ファンド会社から資金を集め、渋谷は高いので五反田や目黒あたりのガラス張りのビルもしくはデザイナーズオフィスを借りて、創造性を大切にするためにTシャツを着て仕事をして（談）、なんて感じでキラキラさせながら話をしてくれます。

（またその中で多くの方が、現在働いている会社内での不満〈自分を認めてくれない〉を抱いているように思えてしまうことはちょっと気になるところです）

では実際、脱サラして起業をするとどうなるのでしょうか。もちろん業種にもよりますが、現実的・物理的な面でざっとですがアドバイスをしたいと思います。

実際にかかる費用（登記費用などの初期費用）

- 〈オフィスビル〉初期費用が非常に高く審査も厳しいです。そして初期費用が低めのマンションは、法人登記が認められていない物件がほとんどです。もし自分の住むマンションでと思っても、法人登記が禁止されていたらどうすることもできません。例えば、五反田周辺エリアで家賃13万円のアパートオフィスが見つかったとしても、初期費用は100万円弱になります。

●また、共益費、鍵の交換代、火災保険、不動産会社へ支払う費用など、その他いろいろな費用がかかります。さらに法人だと家賃に消費税がプラスされます。あと多くの方が知らないのですが、オフィスビルですと、ゴミを捨てるだけでもお金がかかります。また、話題のシェアオフィスにもマイナスな点はたくさんあります。何より会社の私物はたくさん置けないし、フリーデスク制だと、自分の会社という感じが薄れます。キラキラした雰囲気とは反比例して、そもそもの自由度は減ってしまいます。

●固定電話代、スマホ携帯代、オフィス内のＷｉ-Ｆｉ代、モバイルＷｉ-Ｆｉ代、自社サイト維持費（メール・サーバー・ドメインなど含む）、プロバイダー費、サイト制作費（もしくはソフト代）、セキュリティ代、電気ガス水道といった光熱費など（サイトで商売をしている人なら決済代、毎月のサービス費用なども）。

●法人だと、自分で決算をすることがなかなか難しいので、税理士にお願いすることになると思います。人もよりますが、大体月４万円前後、決算時には、その他別途経費や費用がかかります。

●例えば、コピー印刷機を家庭用で済ませたとしても、毎月のインク代は馬鹿になりません。その場合、きちんとした印刷やＡ３の印刷をする際は、キンコーズなどに行くことになるかと思いますが、それも結構な費用です。その他、名刺印刷などの印刷関連経費はなかなか目に見えませんが、かなりのコストとなります。

● 自分の生活費

当初の給与を20万円に設定しても、源泉を事前に払うことになり、その費用、そして都民税（県民税）、区民税（市民税）、社会保険費用などどんどん上乗せされていきます。もし人を雇ったら、雇用保険やら交通費などもあり、費用は自分自身よりぐっと高くつきます。業種にもよりますが、ＰＣも提供しないといけませんね。

●〈交通費〉どこに行くにもお金がかかるということを忘れている人が多いようです。サラリーパーソンですと、毎月の経費処理で会社からお金が支払われますが、自分で起業したら、全部自分で払わないといけません。**経費は控除できるからと簡単におっしゃる方がいますが、実質的な利益がないと（実際にお金が振り込まれないと）経費を支払うことができません（→ここ重要です）。**

● その他、印紙、文房具、宅配便、郵便代、コーヒー代、オフィスの備品などなど、どんどんお金は消えていきます。何をするにもお金がかかります。何事もただではやってくれません。業種によっては、サンプル品の購買、ラベル作成、商品の発注など、独自の費用も発生しますね。会議費という名目で人と飲食をしていたら、その費用も馬鹿になりません。

- 当初は、収益がなく赤字だったとしても、もしくは資本金が少ない会社だったとしても、都道府県税（約7万円）は絶対にかかります。

会社を辞めて、実際にいきなりこれらの費用を毎月払って維持いくことは、かなり大変なことです。

しかも同時に、仕事以外の生活の部分もやっていかなければなりません。もし家族がいれば、エンゲル係数はさらにぐっと上がります。それでキャッシュフローが足りなくなり、二進も三進もいかなくなって夢や希望だけでは仕事が成り立たなくなり、会社をクローズしてしまうことになってしまうのだと察します。

また「勤めていた会社から仕事をもらうのだ」、なんて意気揚々《いきようよう》に話す方もいますが、**会社員時代の人たちとの繋がりはよっぽどのことがない限り、実際の仕事には影響していかない**ことも理解しないとなりません。

そして、資金の注入としてファンド会社も国庫もいいですが、結局は借りたお金、オマケをつけて返していかなければなりませんし、国庫に行っても決算書で判断される傾向があることも忘れてはいけません。

新しい価値や夢を抱き、それに向かって邁進《まいしん》していくことは本当に素晴らしいことですが、こういう現実があることも忘れてはいけないと思います。さらに、夜は異業種の方と出会うために夜な夜なパーティーへ、などというメディアのイメージに酔ってしまってはいけません。

上記の項目を維持するための手続きや事務作業は、膨大《ぼうだい》です。
会社員ですと、人事、総務、経理、ＩＴ、発送伝票の記載などまでバックオフィスの人たちが細かく手助けしてくれますが、起業をしたらそれらを全部やるのは起業をした本人のみか、その本人がお金を払って雇った人のみです（そして、それもかなりの人件費となってしまいます）。
この時点で、「どうして自分は会社員を辞めてしまったのだ」と後悔する人も多いと思います。

逆に言えば、このような現実を理解しながらも、辛くても、孤独でも、信頼していた人と別れてしまっても、**「粘り強く、孤軍奮闘《こぐんふんとう》していく」**のであれば、**今まで出会うこともなかった新しい人たちも自然な形で加わり、会社は何とか「ジワジワ」と動いていきます。**

自分自身より、会社自身へと変化していき、チームや関わる多くのステークホルダーの方たちとの不思議な相互作用によって少しずつパワーアップしていきます。

（これだけは、論理的に言うことはできないのですが、本当にそういう不思議な好転反応があるし、**実際に波に乗る感覚**のようなものが起こるのです）

こんな偉そうに述べていますが、自分も創業当初は本当に未熟で、サラリーマン的思考で立ち往生、揉まれながら学んでいきました。

起業は、新しい活力の源ですので、若い方にも上記の事項をうまく対処させながらどんどん挑戦していってほしいなと思います。ここで述べたような**苦労を覆すような本当に素晴らしいことや出会いがたくさんある**ことを締めの言葉にしたいと思います。

おかげさまで、この回答は10万人以上の方に閲覧され、1200を超える高評価をいただきました。

読んでみて、ドキッとしましたでしょうか？

もしくは、逆に戦闘意欲が湧いてきましたか？

この私の回答は、思いのほか非常に多くの方から感想をいただき、ご好評をいただきました。それならば、その内容を深掘りして、多くの皆さんのお役に立てればと思いました。

皆さんは、どうして起業をしたいのですか？　または、なぜ起業をされたのですか？

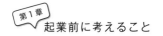

02 そもそもなぜ起業するのか？

私は起業前は、外資系の広告代理店で働いていました。その当時は、まだ30代前半、やり甲斐《がい》のある大きな仕事に邁進し、上司やチームにも恵まれ、オフィスは人気エリアにある豪華な複合ビル。仕事はハードでしたが、30代ゆえ気力も体力も充実しており毎日が新鮮でした。

ところが当時から、会社に属す生き方とは別に、「**もう1つのワークスタイル**を実践してみたい」という独立や起業に対する密かな興味や想いがあり、ちょうど直属の上司が退職したのが機となり、コッソリと会社を設立し、その後、勤めていた会社を退職して独立を果たしたのです。

それこそ「若気の至り」でした。

もし、当時の自分が今現在の私であれば、現時点での考え方や価値観を持っていたならば、そのような大胆な行動に出ていたどうかは疑わしいかもしれませんが、それでもやはり、何かしらの挑戦はしていたと思います。

当初は、東京近郊の世田谷区、東急目黒線・奥沢《おくさわ》駅近くにある小さなワンルームアパートを本社にして事業を開始しました。

そして、引っ越しも何度か経験し、様々な悩みや紆余曲折《うよきょくせつ》の上、今も日々活発に働き、暮らし、日々笑顔を絶やさず仕事をしています。

ただし、その過程においては本当に様々な問題や課題があり、ひとりでいろいろと悩み、孤軍奮闘をしながら何とか解決を果たしてきました。今、こうやって強い心で生きているのは、それらの悩ましい日々との葛藤《かっとう》があったからだと感じています。

独立を考えている方にとって、昨今の経済状況や雇用不安、産業構造や働き方に対する社会の変化、はたまた現在勤務している会社内での人間関係の悩みやキャリア形成、今後の働き方・生き方など、一人ひとり、様々な状況や悩みがあるかと思います。

会社員であれば同僚や上司に相談したり、同じく会社員の友達に気軽に相談したりすることができます。友達であれば、会社の愚痴《ぐち》や転職の相談だって話すことができます。

しかし、起業希望者として同じようなステージにいて、かつ相談ができるような人を探そうにも、なかなか見つかりません。


そして今、コロナ以降、リモートや副業をＯＫとする会社が多くなってきたことは、独立や起業においてかなりの追い風です。

あなたは、先ほどのＱｕｏｒａの質問の返答に書いてあるようなリスクをとって起業を考えている、もしくはしているはずです。

相談相手がいない時こそ、**「なぜ独立したいのか」「なぜ起業したいのか」を常に思い出してください。**

そして、その想いを常に忘れないようにしていけば、それがバネとなって、辛い時でも大変な過程でも、常に前を向いて歩いていけるはずです。

03

夢を実現させるためのイメージ作りと指針

まずは心に手を当てて「なぜ独立したいのか」「なぜ起業したいのか」を考えてみてください。

それができたら、さらに具体的に「いつ、どのような場所で、どんな仕事で、どんなサービスや商品で、どのぐらいの売り上げで、10年後の自分はどうなっていたいか」などを自分自身でイメージします。

そしてそれらのイメージをWordやPowerPoint、Google Workplaceなどに書いて保存しておくことをおすすめします（もちろん手書きでも大丈夫ですが、なくさないようにしてください）。

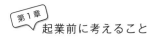

言葉に出して書き出してみたり、絵にしてもよいと思います。

これは自分の会社の「夢の形」ですので、その時の自分の働いている姿や服装など、イメージするものは自由自在です。途中で何度も見直して、途中何か迷いが生じても、ここに戻ってきて見直せばよいのです。


イメージ図があれば、会社運営をボンヤリと進めてしまって、途中で「こんなんじゃなかった」と落ち込んでしまったりするリスクを避けることもできます。

また、ここから**状況に応じて夢や目標を微調整、もしくは軌道修正をしながらして進んでいき、徐々に世界を広げていくことができれば、夢や情熱は褪《あ》せることなく、会社運営を継続していくことができるのです。**

だから、このイメージ作りはとても重要です。

私のおすすめは、極力シンプルにすることです。1ページから多くても3ページ以内に収めます。

この夢のイメージ図は、途中で事情が変わって、その通りに進めることが困難になってしまうこともあるかと思います。

それでもこの資料さえあれば、

「ここは必ずやり遂げる」

「ここは譲ることができない」

「ここは変更できる」

「状況に合わせて、ここは変えてアップデートをしていこう」

など、具体的な道筋が見えてくるのです。

イメージは、もちろん一人ひとりまったく違いますが、例えばこんな感じの内容で大丈夫です。

なぜ起業するのか？

- 会社員時代にはできない生き方を実践したい
- 自分のアイディアを具現化したい
- 自分だけのビジネス・コミュニティを形成したい（スタッフを雇い、自分の村を作る）
- 自分を変えたい、新しい働き方に挑戦をしてみたい

- 自分自身という存在に商品価値があり、輝いていくため

提供するサービスや商品

- サイト制作、デザイン、ロゴ制作など、会社員時代に培った経験を生かす
- 金融業での経験を活かした、ファイナンシャル・コンサルティングサービス
- 会社員をしながら取得した士業の資格を活用した専門サービス

創業1年後の想定

- まずは売上高500万円（年間）を確保する
- 自宅とは別に、通勤時間30分以内にある小さなマンションオフィスを持つ
- 現在受注しているクライアントとの仕事を継続する

創業3年後の想定

- アシスタント役のスタッフが1名いる（アルバイトでも可）
- 顧客数は、最低でも大手企業5社以上
- 売上高は、1000万円～2000万円、もしくはそれ以上を確保する
- オフィスが手狭なため、新オフィスに引っ越す（オフィスはキッチン付き）

創業10年後の未来図

- 社員は3～5名（アルバイトやバーチャルスタッフを含む）
- 顧客数は、優良企業5社～10社
- 社員と一緒に研修旅行を実施（富士五湖もしくは那須高原のコテージにて開催）
- オフィスは大きくなり、人の出入りが多く活気に満ち溢《あふ》れている
- コーヒーは毎朝、自分ではなく社員が淹《い》れてくれる
- 自分がお客さんに会いに行くのではなく、お客さんが自分の会社へやってくるようなオフィス

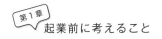

私は、創業してから今でも変わらない指針の1つとして、**「足を止めずに少しずつ改善を繰り返し、ひとつひとつこなしていくこと」**を心がけています。

アイディアはあっても資金が足りませんから、一気に多くのことをこなすことはできません。しかし、**改善のたびにこの指針に戻り、向き合い、現実的により良い方向へ改善を重ねています。**

私はさらに、これに加えて一年ごとの目標も作っています。これらのイメージ作りは、いわば心の拠り所なのです。

04 会社が10年続けば生存率はぐっと高まる

私は起業をした当初、数多くの起業家同士の課題や悩みをシェアしたりする勉強会に参加していました。そこでよく聞くのは、

「数多くのベンチャー起業家が誕生するが、会社生存率は1年後に40％、5年後は15％、そして10年後は6・3％、20年目で0・3％である。これが現実である」

という言葉でした。

1年後が50％になったり、数字は若干前後することがありますが、聞くのは大体このような内容の話です。

どうやらこの情報は、日経ビジネス（2017年3月21日『創業20年後の生存率0・3％

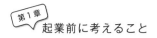

を乗り越える』）から引用した数字のようですが、都内の街を歩くとどこも会社だらけですし、この廃業率の数値は本当なのか、とずっと不思議に思っていました。

ちなみに中小企業庁が発表した、１９８０年～２００９年に創設された会社の創設後の経過年数ごとの生存率の平均値では、会社の5年後の生存率は82％です。

しかし、これはかなり昔の数値だということと、帝国データバンクの情報をベースにしていることから、帝国データバンクに掲載されていない会社も多いことが想定されます。

つまり、国内に数多くある私の会社のような小規模事業者については、調査対象にすら入っていない可能性が高いのです。しかも、デジタル化が加速して本格的なＩＴ社会になったのはその後ですから、この数字は、実際の生存率よりもかなり高めに算出されていることが考えられます。

また、大手企業系列や大手企業がバックアップをしている会社なども入っているはずなので、実際の数値はもっと低いと思います。

さらに、法人格を持っていない個人、いわゆるフリーランス形態の廃業率は法人の約２

倍と言われています。当然、それらの組織もここには入っていません。

それでも傾向だけを見れば、新しい会社が次々に生まれ、市場に参入しても創設後の淘《とう》汰《た》が多く、実態はかなり厳しいことは容易に理解することができます。

一方、『中小企業白書 2006年版』の集計対象では（こちらの数字も古いですが、今でもよく使われています）、製造業のみ、従業者4人以上の事業所に限定されていますが、起業後1年経過後の生存率は約72％、3年たった時点での生存率は約52％、5年たった時点での生存率は約41％です。

おそらく、この数字の方が現実に近いと思います。

スタートアップ・ベンチャーの場合は、さらに厳しい環境になりますし、2020年のコロナ禍を鑑《かんが》みると、私のような小規模な会社形態の場合は、この数字からさらに25％から35％を差し引いた数字が現実的ではないかと考えられます。

そうなると、一年後に60％の会社（フリーランスなども含め）が消えていくという日経ビジネスの情報は誇張《こちょう》ではないのだろうと思います。

いろいろな数字があるにせよ、起業まもない時期は、資金、人材、サービスや商品の市場へのアプローチに関するノウハウがまだ乏しいため、生存環境が非常に厳しいということが理解できます。

また、銀行から融資を受けるとしても、経営者個人が連帯保証を背負わざるを得ないことで、倒産すれば社長自身も破産する可能性が高くなります。

倒産は、赤字になっているからではありません。生きていくためのキャッシュフローがなくなるからです。

しかし、**経営を長期間続けることで会社が安定してくる、生存率が高まっていくことは紛《まぎ》れもない事実です。**

これは、私も経験を通した確かな肌感覚で、感じていることです。昔も今も、そしてこれからも変わらない傾向であることは間違いありません。

ですので、途中で方向転換、事業転換など、いろいろなことがあったとしても、まずは**「10年会社を持たせる」「サバイブさせる」**ことが大切なのではないかと思っています。

05

設立は簡単。でも運営することとは別

昨今は、少ない資金であっても法人を設立できる時代です。法人を設立さえすれば、株式会社や合同会社になり、社会から企業として認識されて一国一城の主になります。

ですので、法人設立の過程や手続きは、人生においても非常に大切なシーンです。

ただ、このステージで自分の想いや情熱を傾けすぎてしまうのか、この時点で力を使い果たしてしまうような人がいます（起業への想いや、将来の夢などをＳＮＳに書き込んでしまったりする人もいますね）。

法人設立は、会社を運営していくにあたっての入り口、かつ準備プロセスの段階でしかありません。ここで起業を大袈裟《おおげさ》に考えすぎて、感情やパワーを使い果たしてしまっては絶対ダメです。

起業に対する想いをいったん切り離して、粛々《しゅくしゅく》と手続きを進め、同時に具体的な事業を考えていくのがベターです。

ちなみに、ひとりでも設立の手続きはできます。しかし、事務作業は煩雑《はんざつ》で時間もとられてしまうため、その手続きを専門に引き受けてくださる方にお願いするのも効率的です。ネットを見ると、日本全国、津々浦々《つつうらうら》に法人設立業務を引き受けてくれる司法書士や行政書士の方がいます。

私の経験では、弁護士に近い仕事をする司法書士より、**行政書士のほうが費用は安く、親身に対応してくれる傾向がある**ように感じました。

ただ一点、注意が必要なのは、高確率で行政書士が提携している税理士を紹介されるということです。税理士との契約がセットになっている場合もあります。

税理士に関しては詳細を後述しますが、相性の見極め（これが一番大切）やお金のこともあるため、即断しないようにしたほうが賢明です。

ここは、ぜひ設立手続きのみに徹してお願いするようにしましょう。

法人設立の最後の工程として、印鑑（実印・銀行印・認印の３つ）が必要になります。行政書士に支払うお金の中に、印鑑の価格も入っている場合もありますし、近所のハンコ屋で作るのでも構いません。

もし験《げん》を担いだりしてこだわるのであれば、おすすめは開運印鑑を作ってもらえて評判も高い、福井県鯖江市《さばえし》にある小林大伸堂。本つげや、ローズストーンという宝石で作ることができる印鑑もあり、女性にも評判のようです。ご参考まで。

第1章のポイント

「自分の会社の夢の形」は、いつも心の拠り所

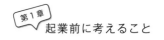

コラム

法人を設立する理由

フリーランスではなく、あえて法人（株式会社・合同会社）を設立する一番の理由は、フリーの形態だと社会的立場が脆弱だからです。「安く仕事をしてもらえるフリーの方を紹介して」などと、日本ではどうしてもフリーランスに対する偏見や下に見る傾向が現実としてあり、この風潮を今すぐに変えていくことはできません。しかし、法人になれば一転、ひとり会社でもきちんと登記がされている企業として、規模は違えど、法的にはトヨタなどと同じステージに立つことができるのです。そして、社会的信頼を得ることができ、私たちを経営者として扱ってくれるのです。これは本当に不思議な社会学・心理学の世界です。そう考えると法人設立は、社会においても人生においても、非常に大切な儀式だと思います。

第2章

オフィスはどうする？

01

形態を選ぶ際の注意（SOHO可には注意）

自宅オフィス、ビルに入居、マンションオフィス、登記上だけの貸しオフィス、WeWork《ウィーワーク》といったようなシェアオフィスなど、オフィスには様々な形態があります。

あなたのオフィスは、もうどうするか決めましたか？


もし自宅が一軒家で、その場所に会社を構えるのであれば心配はいりません。ただ、もしその場所がマンションだった場合には、ちょっと注意が必要です。

あまり知られていないのですが、**法人登記不可のマンションが非常に多いのです**。

逆に言うと、「法人可」のマンションのほうが稀《まれ》です。これは、どこかマンションの一室を借りてオフィスを構える際にも、注意をしないとならない項目の1つです。

ネットや不動産会社の資料に「ＳＯＨＯに最適！」とか「ホームオフィス・リモートワーク・テレワークに最適！」などと記載されているのを最近よく見かけます。

ほとんどの人は、法人格をそこで設立できると思うはずです。いわゆるデザイナーズ・マンションに「ＳＯＨＯ可」というキャッチフレーズが多いような気がします。

でも、それはあくまでも「法人登記をする必要がない範疇《はんちゅう》で、自宅で仕事をすることができるのですよ」という意味です。

裏を返すと、実はリモートワークや、デザイナーやライターなど「法人格を登録していないフリーランサー向け」で、「株式会社や合同会社は設立できません」という意味合いの物件が多いのです。つまり、登記は不可ということです（私もそれに一度引っかかりました）。

登記が可能かどうかは、不動産探しをする際の大切な項目ですので、必ず聞いてみてください。気に入った物件があっても登記不可だったら、諦《あきら》めてさっさと次を探しましょう。

登記禁止だと、郵便受けに会社名を表示することすらできませんから。

なお、「登記上だけの貸しオフィス」もあります。

これは、県庁所在地などの中心地やステータスのある住所によくあるサービスで、会社の登記ができるため、会社の本店をその住所で登録することができます。

普段は自宅で仕事をするけど、名義上、会社の本店は東京の港区南青山や中央区銀座など、いかにもな住所に会社を持ちつつ、柔軟的な仕事のスタイルを実現できます。

また、郵便サービス、中には事務・秘書サービスがあるものもあり、さらにデスクのあるオフィススペースや会議室を月極やその都度、借りたりすることもでき、オフィススペースが完全に個室になっているものもあります。

これは民間だけでなく、行政が関わっているものもあって、インキュベーション施設と呼ばれます。

都内ですと、千代田区にある「ちよだプラットフォームスクウェア」や、中小企業振興公社が運営している「ベンチャーＫＡＮＤＡ」、金融系ベンチャーであれば、東京の大手町にある「ＦＩＮＯＬＡＢ」など、行政や大手企業がサポートをしているような施設が有名です。

その中で、オフィスを構えているスタートアップ・ベンチャー企業などが集まり、異業種懇親会が開かれたりして、やりようによっては優秀な方たちとのネットワークがシームレスに広がっていくのが魅力です。

私も「ちよだプラットフォームスクウェア」には、会社員時代に何度も足を運んで見学をしました。夢や情熱を持ったいろいろな人たちが集まるインキュベーション施設は、起業に対するモチベーションも上がっていきました。

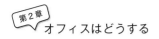

その他、登記の可否に関わらず、WeWorkなどの快適なデスク空間型のシェアオフィスだったり、登記もできる一部屋を借りて会議室などはシェアで使用できるような形態など、様々なシェアオフィスが存在しますが、これらの施設は共用施設のインテリアなど、仕事環境や居心地《いごこち》を良くしているのが特徴です。

また、調理設備が充実したキッチンをシェアすることができる料理人のための施設や、トレーナー、スポーツマッサージ、ヨガから音楽のレッスンやヘアサロンに至るまで機具や備品、防音設備など、仕事に必要なインフラがすべて整っている場所を借りて、そこで経費をかけずにビジネスができるような場所貸しなど、シェアリングエコノミーの世界は日々広がってきています。
自分に適した、また相性が良さそうなシェアオフィスを上手に使っていくことが重要です。

ただし、その一方、このような貸しオフィスやインキュベーション施設には、デメリットもあることも理解しておいたほうがよいと思います。

もし、あなたのビジネスが大きな荷物や備品の保管場所が必要のない、Ｗｅｂデザイナーのような形態であったら特に問題ないと思いますが、商品を売る仕事で、荷物を置くスペースや倉庫が必要な場合、これらの形態ではそのような荷物を置くスペースはなく、不便を強いることになってしまいます（貸しロッカーがあるところもありますが、有料です）。

例えるなら、スターバックスにいるような感覚なので、いろいろな人が出入りするゆえ、落ち着きはなく、それで人間疲れしてしまう人や自分だけのスペースが必要な人には不向きでしょう。

シェアオフィスは、共有スペースのおしゃれさに惑《まど》わされず、料金や自分の業界、仕事と生活のスタイルにマッチしたところを選ぶことが大切です。

▼シェアオフィスは、共有スペースの豪華さや飲み物無料などのサービスに惑わされず、料金、自分が関わる業界、相性、仕事と生活のスタイルにマッチしたところを選ぶことが大切です。

私の場合は、商品がある事業も営んでいること、また独自のインテリアで自分の会社だけのオフィス（自分の城）が欲しかったため、このようなオフィス形態は不向きでした。そして、便利なところにあるおしゃれなシェアオフィスは、費用も想定外に高く、自分としては独自のオフィスを持ったほうが得策であるという考えに至りました。

仕事の種類によって向き不向きがあるので、オフィスの形態を検討する際には、ぜひ自分の仕事や業種がその形態にマッチしているかどうかをチェックしてみてください。

02 賃貸物件を探す際のコツ

生活の場と会社は別の場所にしたい方で、賃貸オフィスを探されている人であれば、**私のおすすめは「雑居ビルを兼ねたようなマンション」です。**実際に住んでいる人もいれば、会社も入っているような、いわゆる雑居型マンションです。

特に、何をやっているのか分からない会社が多く入居していたり、住人も不思議な人が多いようなタイプの雑居マンションは、余所者《よそもの》を受け入れる土壌が既に備わっており（ある意味、我関せず）、スモールオフィスとしては高確率で居心地が良いものです。

東京の場合ですが、そういうタイプの物件は、再開発がまだ進んでいない、もしくは開発から取り残されているエリアに多く存在しています。

例えば、東京の都心ですと、神田周辺、秋葉原、北新宿、赤坂、西新橋、虎ノ門の裏手、東銀座、築地、日本橋、浅草橋・馬喰町、お茶の水、日本橋から人形町（水天宮前）、神保町、三田、五反田、大森、蒲田、池袋、王子、大塚、北千住、錦糸町などが当てはまります。探すと、まだまだお宝スポットはあるものです。

不動産業者の方に紹介されて気に入った物件は、**その後、ひとりでもう一度再訪してみることをお勧めします。**

ゴミ置き場（部屋）があれば、住人のふりをしてちょっと入念にチェックをしてみてください。**ゴミは毎日出るので、その建物にいる人たちの民度や本性が出やすいのです。**

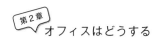

よくあるのは、粗大ゴミがそのまま放置されている、瓶や缶が燃えるゴミと一緒に捨てられているなどです。後は、吸い殻の有無やチラシが放置されたポストなど。きちんと整理されているようだったら、合格です。

また、知っている人があまりいないのですが、**通常、オフィスだとゴミを出すとお金がかかる所が多いのです**（私が昔、入居したオフィスビルは指定の大型のゴミ袋1つでなんと500円でした）。

しかし、雑居型マンションですと、基本はマンションなので、家庭ゴミという位置付けになり、そのゴミ代のコストがかからないだけでなく、いつもゴミが出るような事業用のような大袈裟なものでなければ、シールを貼らずに普通の家庭ゴミとして出すこともできるため、無駄な経費を抑えることができてしまいます（明らかに事業系のゴミであれば、シールを貼らなければなりません）。

ひとりで再訪する際には、そのほかにもいろいろ確認したい項目があります。

まず銀行が近くにあるか、ATMだけであれば台数が多くあるかなど、普段はネット銀行を使っていても、やはりいわゆる有名銀行の口座もあったほうが断然便利です（こちらに関しては、銀行口座についての項目をぜひご参照ください）。

その場合、振り込みや電話代の支払いなど、ＡＴＭを使うことも出てくるかと思いますが、ＡＴＭの台数が少ないと、混み合っている時にはどんどん後ろに並ばれて、落ち着いて操作をすることができません。もちろん時間帯にもよりますが、よく使う近隣のＡＴＭの台数は多いほうがよいと思います。

また、郵便局が近くにあることも大切です。

自分で事業を始めると、書類の郵送や荷物を扱う機会が何かと増えていきますので、郵便局はなるべく徒歩圏内にあったほうが何かと便利です。もし郵便局の本局も近隣にあれば、時間外でも書類や荷物の手続きに利用できて最高ですが、まあそこまではなくても大丈夫です。

その他、最寄りにあったほうが良い施設は、登記所、コンビニ、緊急時にコピーや製本などができるキンコーズのような店、そして仕事ができるＷｉ－Ｆｉ完備の喫茶店やカフェです。

登記所は、最新の謄本《とうほん》をすぐに取得しなければならないこともありますし（オンラインでも可能ですが時間がかかります）、コンビニは光熱費の支払い、Ａ３のコピー、最近はマイナンバーがあれば住民票や印鑑登録の書類なども取得できるため、時間の削減にもなります。もちろん食べ物や飲み物も補給できます。

コピーサービスの店は、近くになくても大丈夫ですが、名刺を印刷したり、書類を製本したり、シールを作成したりと、図案や書類を多く扱う仕事であれば、あったら非常に助かるサービスです。

最後に雰囲気の良いカフェや喫茶店。仕事に行き詰まった時、息抜きが必要な時のエネルギー補給には最適な場所です。

また個人的な見解ですが、大型商業施設が近くにあると便利です。

地方都市であればショッピングモール、東京や大阪などの都会であれば小規模から大型の再開発複合ビルなどです。もちろん、そこまで大それたものでなくても、オフィスやスーパーなどの商業施設が入っているような複合施設であれば十分です。

私の場合、西新橋のオフィスにいた時は目の前に虎ノ門ヒルズ、現在のオフィスは近くに赤坂アークヒルズがあります。

それの何が便利かというと、実はお手洗いの利用なのです。

多くの小規模会社のオフィスはとても小さな面積で、お手洗いも廊下ではなくオフィス内（室内）に1つだけあるといった会社が多いのではないでしょうか。

その場合、もし社員やパートタイムで仕事をお願いしている人、お客様など誰かしらオフィスにいる場合、あるいは男性と女性が一緒にいる場合、そして特にちょっと身体の調子が悪い時など、お手洗いの問題はとてもデリケートです。

可能であれば、他人が近くにいない、その場所とは離れたところで利用したい、プライバシーを重視したいと思う人は多いはずです。

そのような状況の場合、歩いて行ける範囲に何かの複合施設があれば、ちょっとコーヒー買いに行ってくるふりをして、そこで無料で自由にお手洗いを利用できますし、時間も気兼ねなく利用できます。これは、私が実際の経験を通してですが、本当に大切なことだと思いました。

近くの大手複合施設のトイレを自分のオフィスの延長上のように使うことは申し訳なさもありますが、中に入っているお店も頻繁《ひんぱん》に利用しているので、むしろＷｉｎ-Ｗｉｎな関係ではないでしょうか。

ランチを食べたり、食料や日用品を調達したり、散歩をしたり、靴の修理を頼んだり、気分転換を兼ねてカフェで仕事や会議をしたりと、近くに大型商業施設やオフィスビルがあるだけでワークライフのクオリティはぐっと上がります。

もし自宅兼オフィスで開業する方であれば、一部屋をオフィスとして活用するのがいいと思います。

しかし、もしオフィススペースを作るのが難しい間取り、例えば1LDKや1DKであれば、改造を施《ほどこ》して1LDKならばリビングを、1DKならばダイニングをオフィスとして活用してしまいましょう。

その場合、オフィススペース（パブリック空間）と寝室・浴室などのスペース（プライベート空間）は必ず分けるようにしてください。

もし、お客様が来社する場合は、プライベート空間のドアはすべて閉め、パブリック空間のみ（オフィススペースとトイレ）を開放してください。

生活感のあるキッチンとオフィスを区別させるため、パーテションをその境に立てるのもおすすめです。なければ、カーテンのような布でも大丈夫です。

狭い空間でも、工夫すれば快適なオフィス空間を作ることができます。

またデスク、棚などを購入して、快適なオフィス空間の雰囲気を醸し出すように仕立てましょう。家具は、メルカリやジモティなどで購入すると予算を抑えられ、また掘り出し物が見つかることもあるのでおすすめです。

段ボールでできた家具も破棄《はき》しやすく、再利用できるという観点から、意外と「あり」です。最近は、デザインが良いものも結構あります。

03

雑居ビルに入居すると いくらかかる？

雑居ビルへの入居に関しては、体験に基づいた私なりの感想や考えがありますので、ぜひお伝えしたいと思います。

私が2009年に創業した時は、東京の自由が丘駅から徒歩圏内、東急目黒線・奥沢駅近くの6帖《じょう》（約10平方メートル）しかない小さな格安ワンルームアパートにオフィスを構えていました。

礼金なしで、家賃は6・6万円、敷金は家賃3ヶ月分、法人登記可。

そこで4年～5年頑張りましたが、そもそも面積が狭すぎたことと、いわゆるボロアパートだったため、お客様がいらっしゃると恥ずかしく、また都心に行くには不便で（都心へ行った際には、行って帰ってくるのが億劫《おっくう》になり、スタバなどで仕事をしていたのですが、あまりにも頻繁だったために高額になっていました）、またちょっと自由に使える資金が貯まったということもあって引っ越しを考え始めました。

今も忘れられない、当時の恥ずかしかったエピソードをご披露しましょう。

ある時、知人を通してご縁があり、アメリカの大手おもちゃメーカーの仕事を担当することになって、アメリカ本社から要人が来日することになりました。そして、せっかくの機会なので、ＰＲを担当する私の会社を訪問し、挨拶《あいさつ》をしたいという流れに。

私は、必死で都心のホテル、もしくは東京商工会議所などで会いましょうと提案しましたが、要人は「どんな会社か一度見てみたい」と譲りません。

その時はパニックでした。先方は、都心の瀟洒《しょうしゃ》なビルの中にある、おしゃれなＰＲ会社を想像していたに違いありません。

結局、私は足元を見られて絶望され、関係が破綻になってもいいやと腹を括《くく》り、狭いボロアパートの部屋を一生懸命掃除し、花を飾り、近くでケーキを買い、コーヒーを沸かし、緊張しながら要人の到着を待ちました。

すると、ボロアパートの前に黒いハイヤーがスッと停車し、数分後に帽子を被った運転手の方が会社の玄関のドアをノックしました。そして、その彼の後ろには何やらブロンドの紳士が……。その方こそ、アメリカを代表する大手おもちゃメーカーの要人だったのです。

ビバリーヒルズに住むような要人が、私の狭くて小さなボロアパートのオフィスに入ってくる。想像するだけで、穴があったら入りたい気分でした。恥ずかしさとともに、その時は靴のまま中に入ってもらいました。

彼はかなりびっくりした様子でしたが、私と30分ぐらいの面談をして、ハイヤーに乗って都心へ戻っていきました。その甲斐あってか、私はその会社のPRの仕事をしていくことになったのですが、「絶対に、もう少しステップアップしたオフィスに引っ越してやる！」とその時、心に誓ったのです。

ちょうどその頃、同業者で仲のよい知人がいました。

全員がひとり会社、もしくはフリーランスという立場なので、「シェアしたら、きっといい所に入居できるよね」ということで意気投合し、いろいろな物件を見た末、東京の港区西新橋にある物件に縁があって入ることとなりました。

しかも、虎ノ門ヒルズの目の前。当時はまだ現在のような虎ノ門ヒルズ駅はなかったため、駅からは少し歩きましたが、都心の一等地にある8階建てのビルで一階には、おしゃれなイタリアンレストラン！　内装はデザイナーオフィスといった感じの雰囲気で、綺麗《きれい》にリニューアルされていました。

しかも公《おおやけ》には禁止でしたが、今回に限っては4人でシェアすることもOKとのこと！

何しろ、独立してはじめてのオフィスビルへの入居です。流行のベンチャー起業家気分で興奮気味。すっかり舞い上がってしまい、見学をした翌日に仲介不動産からフォローアップの電話がかかってきた時点で即決をしてしまったのです。

賃料は17万円（税別）、共益費3万円（税別）、面積は約50平方メートルなので、4人で使うにはほどよい広さでした。本当の意味での「シェアオフィス」です。

私のお気に入りサイトである「東京R不動産」や「Ｔｏｋｙｏ　Ｓｔｙｌｅ」など、ネットでは個性的で洗練された雰囲気を持つ不動産仲介会社が数多くあります。この時の不動産仲介会社も、そのようなデザイナー系を多く扱う会社の1つでした。

その時はあまり意識していなかったのですが、それらはあくまで仲介であって、入居先のオフィスを管理する不動産会社ではありません。

最初に実際に会って、質問に答えてくれるのは不動産仲介会社のため、どうしてもそこに目がいってしまいますが、実際にお付き合いをしていくのは不動産管理会社です。

大手もありますが、小規模オフィスだと、小規模から中堅レベルの会社が多いようです。そして、**その不動産管理会社との相性が良くないと、その後の居心地が悪くなってしまいます**。これは非常に重要なことです。

相性の問題で、後先に出てくるかもしれない居心地の悪さを避けるためには、物件が分かったら、実際に自分の足で見学に行くことです。**もちろん、不動産仲介会社には内緒です。「そこに決めます！」などと、すぐに口走ってはいけません。**

実際に訪問してみると、空室募集中などと看板を掲げているところが多いのですが、そうしたらしめたもの。必ず連絡先が記載されていますから、まずはその不動産管理会社に連絡をしてみましょう。そこで対応をしてくれる人が、私たちがお付き合いをしていく会社なのです。

もちろん、そこのオフィスを100%仲介していますので、ぜひ室内を見学し、同時にしっかりと担当者との相性も見極めることが可能です。

（もし、そこに決めることになっても、不動産仲介会社に仲介料を全額取られることがないことでＷｉｎ-Ｗｉｎとなるせいか、しっかりと対応をしてくれるはずです）

さて、その港区西新橋にある物件ですが、ここを見つけたのも、そもそもシェアオフィスをしようという案を持ちかけたのも私自身だったため、自然な流れで契約者は私になりました。

まずは、その時にかかった費用の内訳を見てみましょう。次ページの表をご参照ください。

ひとりでこの金額を払うのは非常に大変ですが、私の場合は4社（4人）で割り勘だったため、実際にはそこまでの重荷ではありませんでした。

前にも述べましたが、賃貸ビルではゴミ捨てにもお金がかかることをその時、はじめて知りました。ただし、外に一歩出ればダストステーションがあり、自分たちでステーションまでゴミを捨てに行ったため、費用は事業者用のゴミ捨てシール代以外はかかりませんでした。

▼入居時にかかった費用の内訳（2014年当時）

費目	金額	備考
敷金	1,020,000	賃料の6ヶ月分
入居月の賃料	170,000	
入居月の共益費	30,000	
消費税	16,000	2014年当時は8%
小計	**1,236,000**	
仲介手数料	170,000	不動産仲介会社への支払い
仲介手数料の消費税	13,600	2014年当時は8%
小計	**183,600**	
火災保険	24,000	2年分
鍵交換料	24,840	
表札（会社名の記載）	20,000	
小計	**68,840**	
合計額	**1,488,440**	

※契約更新２年。更新料なし。償却費なし。

▼その他、毎月かかったもの

費目	金額	備考
賃料	170,000	
共益費	30,000	
消費税	16,000	2014年当時は8%
光熱費・ネット環境	12,000	
電話代	6,000	
コピー機（リース）	30,000	
ゴミ出し（可燃ゴミ45ℓ）	520	1袋
ゴミ出し（可燃ゴミ70ℓ）	800	1袋
ゴミ出し（可燃ゴミ90ℓ）	1,040	1袋
ゴミ出し（不燃ゴミ45ℓ）	520	1袋
ゴミ出し（不燃ゴミ70ℓ）	800	1袋
ゴミ出し（不燃ゴミ90ℓ）	1,040	1袋
古紙 段ボール（5Kgまで）	500	
古紙 段ボール（5Kg超過分1Kg毎）	20	

基本的にゴミを捨てると、事業者はお金がかかります。東京都の場合、行政によって値段が変わるため、ぜひネットでチェックしてみてください。

なお、東京都港区では本書執筆時（2024年3月時）、優良ゴミ処理券（1袋45リットルの場合）の10枚綴りセットを3910円で販売しており、コンビニで購入することができます。

ちなみに世田谷奥沢の時はアパートだったため、特別なゴミ以外は家庭用として、無料で捨てていました。

04

シェアの失敗＆オフィスは入居時より退去時のほうが問題多し

入居当初は皆で仲良くやっていても、所詮《しょせん》は全員経営者。それぞれ自分オリジナルの考え方や、ものごとのやり方がありますし、強い性格の人も多く、良い意味でも悪い意味でも基本的にわがままだったりします。もちろん、それぞれ生き方もバラバラです。

また、会社経営は日々、いろいろなことが発生します。突然、顧客先との仕事がなくなったりするなど状況は常に変わり、同居している人が唐突《とうとつ》に「ここから出たい」と言い出したり、またそれが原因で人間関係が悪化したりすることがあります。つまり、離婚です。

もともと知らない人同士であれば、最初に作成した契約書通りに対応して処理していけばよいし、もしシェアが可能なオフィスであれば、次の人を探せばよいことです。しかし、友人・知人同士だと、そう簡単にはいきません。著者が借りていたオフィスでも同じことが起こりました。

契約者は私の会社だったため、結局、そのリスクをすべて背負ってしまうことになってしまいました。しかも困ったことに、2年ごとの更新を終えたばかり。

でも、ひとり会社の立場では嘆《なげ》いている余裕もなく、早速、契約書に沿って、6ヶ月後に解約する旨《むね》を不動産管理会社にメールで伝えました。

退去日で、ちょうど3年。オフィスはかなり気を使って綺麗にしており、タイルカーペットとブラインド以外は、汚れも経年劣化《けいねんれっか》もありませんでした。

その時、私は預けてある敷金102万円のうち、うまくいって7割程度、クリーニングを考えても、少なくても半分程度は返金されるだろうと気軽に考えていました。

そんなことを考えながら、突然届いた返金額の内容が以下になります。

▼退去時にかかった費用の内訳（工事別内訳書）

費目	単位	金額
小部屋シーラー塗り	30㎡	30,000
仕上げ	30㎡	66,000
中部屋シーラー塗り	20㎡	20,000
仕上げ	20㎡	44,000
大部屋シーラー塗り	60㎡	60,000
仕上げ	60㎡	132,000
養成費	一式	80,000
小部屋タイルカーペット	10㎡	48,000
大部屋タイルカーペット	30㎡	144,000
既存カーペット剥がし撤去処分	40㎡	8,000
トイレ天壁クロス張り替え（量産品）	17㎡	17,000
物入れクロス張り替え壁	6㎡	6,000
ボトムコード	7m	8,400
ボトムコード引掛けライナー	一式	6,000
施工費	一式	30,000
クリーニング	一式	60,000
電球交換 20Wパルック	4個	16,400
電球交換 10Wパルック	2個	3,600
電球交換 LED球×7W	12個	18,000
駐車場代 13日×5000円	一式	65,000
現場諸経費	一式	75,000
出精値引	一式	-11,474
小計	**一式**	**925,926**
消費税（2017年当時）	一式	74,074
合計額	**一式**	**1,000,000**

※面積50平方メートル、L字型のワンルーム

さすがに、この金額には驚きました。102万円を預け、3年後にたった2万円しか戻ってこないのです。

フロアは広い1ルームですが、確かに小中大のスペースに分けることができます。中央にアイランド式キッチンのあるL字型のコンクリート打ちっぱなしに、ペンキを塗ったような雰囲気の大きなワンルーム。きっちりと3つに分けるものなのでしょうか？

そこで早速、メンバーと話し合ったのですが、ちょうど施工会社の知り合いがいたため、この見積もりを提示し、同じ条件で他社に見積もりを取ってみることにしました。

その見積額が次ページの表です。

驚くべきことに、約半分弱の値段！　この金額は想定通りでとても納得がいく値段でした。そこで、この見積もりを不動産管理会社に伝えたのです。

その後、ビルのオーナーさんにも来ていただき、再度、確認作業をしてもらうことになりました。**「おかしい」と思ったら、納得がいくまで話してみるものだということをこの時、体験を通して学びました。自ら動いてみれば、何かが変わるものです。**

▼工事別内訳書

費目	単位	金額
塗装工事　大中小エリア（下地処理含む）	2,200×110㎡	242,000
養成費	一式	25,000
床タイルカーペット貼（大中小エリア）材工共	2,700×40㎡	108,000
既存タイルカーペット剥がし及び処分	一式	12,000
トイレ・物入れのクロス張り替え	1,200×23㎡	27,600
ランドレープ修理・施工費	一式	44,400
パルック20W・10W	450× 6本	2,700
LED球7W	1,500×12個	18,000
駐車場代	5,000×8日	40,000
諸経費		25,000
小計		**544,700**
消費税（2017年当時）		43,576
合計額		**588,276**

いろいろと動いてみましたが、しかしながら結果は、トイレ・倉庫のクロス替えは対象外になったものの、カーペットなど、その他の項目はそのままという内容で、諸々整理されて結局、合計89万6800円（＋当時の消費税額7万1744円）、税込合計額が96万8544円となり、結局3万1456円のみの値引きとなったのです。

その時点では、「もう無駄な労力を使いたくない、早くここから出てしまいたい」という気持ちのほうが強くなり、最終的にこの金額で妥協することとなりました。

「オフィスは入る時よりも、出る時のほうが問題が起こりやすい」ということを、その時に学びました。問題があれば、動いて行動してみることが何よりも大切ですが、同時に、**退去する時のことも考えながら「リスクを最小限」にするよう努力することも大切です。**

ひとり起業では、**敷金や初回のリース料があまりにも高額なところは避けたほうが無難です。**いったんお金を先方へ預けてしまうと、よほど人の良い不動産管理会社や大家さんでない限り、そのお金を取り戻すのは至難の業《わざ》なのです。

その後、一人ひとりと精算し、オフィスをシェアをしていた人たちとはバラバラとなり、それぞれの人生を歩んでいくことになりました。

シェアをしたことは失敗でリスクを伴いましたが、私自身は晴れて自由の身となり、自分の決断ですべてを決めることができる喜びから、結構ワクワクしていました。

一時期は全員家族のような関係で楽しかったことや、大変なことなども気軽に喋り合ったり、全員で旅行にまで行ったりして、心を通わせた4人組。

共同オフィスという関係でしたが、いとも簡単に状況が変わることがあり、環境も人間関係も変化していくことを学びました。所詮は他人同士。人間関係の変化も想定内、そしてオフィスを解約する時のリスクも想定内として、割り切って構えていく姿勢が大切だと思います。

05 理想的な雑居マンション型オフィス

さて今、入居しているマンション型オフィスは、オフィスシェアを辞めることが決まったと同時に急いで探し出しました。

まずはネットで検索し、気になった物件は直接訪問して外からジロジロ（笑）と見学をしました。その際、出入りする人の服装や様子、自動販売機にゴミが無造作に捨てられていないか、メインの玄関は清潔かなどを細かくチェックしました。

メインで探したのは、前にも述べましたが住居ビルを兼ねたような年季の入った雑居ビルのようなマンション、いわゆる「雑居型マンション型オフィス」です。

場所は、開発から取り残されているエリアに注力しました。東京都内の雑居ビルの多いエリアで私が注目したのは、神田・秋葉原の裏道、御徒町、新橋（新虎通りより浜松町側）、赤坂、東銀座・築地（歌舞伎座の裏側から海側にかけて）、日本橋から八丁堀周辺（桜並木の通り）、浅草橋・馬喰町（問屋街）、三田（赤羽橋方面）、そして西五反田あたりを候補として挙げました。

そこで気づいたのは、住所は一流でも、大通りやメインのエリアからちょっと外れるだけで一気に寂《さび》れて静かになることでした。

そういったエリアには昭和の匂《にお》いが漂うような、古くてレトロな雑居ビル、雑居型マンションが数多く密集しており、穴場物件が非常に多いのです。中には、サイトには掲載されていないのに募集中の物件もあります。

財政的に2回目のオフィス選びでは失敗が許されなかったため、時間がない中でもかなり慎重に動きました。一番大切なチェック項目は、利便性。そのため綺麗でおしゃれな物件は、駅近だとどこも非常に高いので対象外に。

理想は、ベランダかテラス付き。狭い面積のオフィスだと監獄《かんごく》に閉じ込められている気がしたので、気軽に外に出ることができるスペースのある開放的な物件を目指しました。

テラスにテーブルとチェアを置いて、仕事の息抜きに外でコーヒーを飲んでみたかったという思いもありました。

ただ実際には、寒い冬や酷暑の夏は使えず、春や秋は雨が多く、また台風が来るたびに置いてあるものを室内へ避難。楽しめる季節は、結構限られているんだなと感じました(笑)。

今回、大切だったのはエレベーターが付いていること。

これは業種にもよりますが、私のビジネスでは商品の運搬があるため、階段のみだと自分たちも苦労するし、運送会社の方にも申し訳ないという理由がありました。

マンション型ですと、エレベーターが付いている物件が大多数ですが、マンション型ではない昭和40年～60年代頃までに建ったような古い雑居ビルは、6階建でもエレベーターが設備されていない物件があるので、注意が必要です。

ただし、Webデザイナーなど、業種によってはエレベーターがなくても大丈夫な職種もありますし、エレベーターがない雑居ビルの賃料は一等地でも考えられないぐらい安くなる傾向がありますので、それをメリットと捉える考え方もできます。

あと大切だったのは、**ビルのオーナーが上階に住んでいない物件**であること。

山手線の内側などの都心は、少し入ると雑居ビルが数多く立ち並んでいますが、その中にはビルの大家さんが最上階に住んでいる物件が意外に多いのです。

もともと先祖が木造長屋や一軒家で商店などを営んでいた土地に、その子孫が貸ビルを建て、下階を貸しオフィスに、上階を住居にしているような小規模ビルが一般的です。

ビルの名前が「鈴木ビル」などのような人の苗字だったり、ビルに入居している会社の一覧看板に「4階 株式会社スターアライアンス」「5階 鈴木」などと、法人名に混じって、なぜか人の苗字が入っていたりするのですぐ分かります。

このようなオフィスビルは、管理はとても行き届いているのですが、オーナーが毎日エントランスをきめ細かく掃除していたりして、何だか監視されているような気分になってしまうこともあり神経を使います。

また借りる私たちが品行方正（優良テナント）であることは当然なのですが、ちょっと廊下に荷物を置いていただけとか、ゴミ出しの曜日を間違ったなどで注意をされたりする可能性が大いにあります。

少し面倒だと思ったので、このような物件もリスト外でした。

▼都心に多い雑居ビル街。通りから一歩入ってみたり、駅から少し遠くなってくると、そこはお宝物件の宝庫。散歩も兼ねて散策をしてみると、オフィス探しの楽しさもアップします。

そして最後に耐震性と火災リスク。雑居型マンションやビルは古い建物が多いのと、予算のこともあったため、そこまで耐震性にこだわることができませんでした。

しかし、1981年（昭和56年）に震度6以上の地震にも耐えられることを基準にした建築基準法が改正され、それ以降の建物は「新耐震」、それ以前の建物は「旧耐震」と区別されるようになりました。

（昭和56年9月から10月以降に完成した建築物から新耐震基準が適用されています。ただし、昭和57年に建てられた建物であっても、旧耐震基準で建てられているケースがあるようなので注意が必要です）

なので、なるべくこの法律が設立された後の物件を選ぶように心がけました。

さらに室内のイメージばかりに気を取られがちですが、雑居ビルの場合は火災のリスクを考えて、必ず借りる前に次の設備をしっかりと確認しましょう。

- 火災報知器やスプリンクラーが付いていること
- スプリンクラーがついていなければ、ベランダなど逃げ口があること
- オリロー（上階から地上に降りる際に使用する避難器具）が設置されているベランダ

やテラスがなければ、非常階段がすぐ近くにあること
- 階段やエレベーターに防火扉が備わっていること
- 廊下に消火器が設置されていること

以上のフィルターを通してやっと見つけたのが、現在のスモールオフィスです。

先述しましたが、実際に住んでいる人もいれば、会社も入居しているような理想型の雑居ビル型マンションなので、非常に快適です。不動産管理会社が入っており、少し厳しいくらい管理が行き届いています。

何をやっているのか分からないような会社も多く入居し、昼間も室内にいて一体何をしているのかよく分からないような不思議な住人も多いのですが、多様性がある分、他人を受け入れる土壌（無関心とも言いますね）もしっかりと備わっています。

今回の物件の敷金は2ヶ月分で、賃貸の住居と似たような料金形態でした。

いろいろなオフィスを借りてみて改めて感じたのは、**オフィス利用の場合は、何だかんだと理由をつけられて退去時の敷金はほとんど戻ってこないため、最初から敷金数ヶ月分など、初期投資が少なめの物件を選んだほうが、精神衛生上、安心できます。**

▼入居時にかかった費用の内訳（2017年当時）

費目	金額	備考
敷金	300,000	賃料の2ヶ月分
入居月の賃料	150,000	
入居月の礼金	150,000	
保証料（保証会社）	150,000	
消費税	36,000	賃料・礼金・保証料。2017年当時は8%
小計	**786,000**	
仲介手数料	150,000	仲介不動産会社への支払い
消費税	12,000	2017年当時は8%
小計	**162,000**	
火災保険	20,000	2年分
鍵交換料	24,840	
小計	**44,840**	
合計額	**992,840**	

※契約更新2年。更新料なし。償却費なし。

▼いろいろな物件を見てようやく見つけたオフィス。内装を作り上げるのも楽しみの1つ。待望のテラス付き物件でした。

少なければ、もし何かトラブルがあったとしても損切りができます。ただ、その分を家賃に上乗せして含める物件もあるので、その点だけは要注意です。

あまりにも高額な敷金は、退出時に揉めることになりがちですので、ぜひ注意をしてください。

06 大きな荷物に注意。引っ越しや捨てる時のことも考える

新しいオフィスに引っ越しすると、デスクや椅子、その他いろいろな家具や電化製品やらと、大きな買い物をする機会がぐんと増えていきます。ひとり起業でもそこそこの設備が必要になってくるので、あれやこれやと一気に買い増しをする人も多いかと思います。

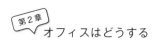

そこで注意をしてほしいのは、**「次の引っ越しや、捨てる時のことを考える」**ことです。

当初、私のオフィスはＩＫＥＡ《イケヤ》やニトリなどの組み立て家具で埋め尽くされていました。

そして、引っ越しを考えていた時には、それらの家具をセカンドハンド（中古家具）として売却しようと軽く考えていました。

しかし、実際に本格的に引っ越しをする際になって、早速いくつかの中古家具屋に問い合わせてみたところ、

「ＩＫＥＡやニトリなどの組み立て家具は引き取ることができません」

と、はっきりと断られました。

さらに引っ越しをする時に見積もりを取った引っ越し会社からも

「ＩＫＥＡやニトリの家具がある場合、別途料金をいただくことになります」

と言われたのです。

既にご存知の方も多いと思いますが、ＩＫＥＡやニトリの家具は、かなり複雑な組み立て方法なのと、種類にもよりますが一度解体すると再度組み立てるのは至難の業。しかも解体時に壊れやすいため、問題が多いのだそうです。

特にＩＫＥＡの家具は、外国仕様でサイズが微妙に大きく、そのままの筐体《きょうたい》だとエレベーターに入らなかったり、輸送時にぶつけてしまったりと運搬にかなり苦労するようです。

そうであれば粗大ゴミとして出そうと、今度は所管である行政の粗大ゴミセンターに電話してみると、

「今は粗大ゴミを出す要望で混み合っているため、早くても1ヶ月後になります。また当日、捨てる家具を目の前の道路まで運んでください」

と言われました。

部屋までは来てくれず、前の道路まで運んで、しかもそれを予約した日の朝に出さなくてはならないのです。料金は民間よりは安くなるものの、それでも結構割高でした。

民間の廃棄処分会社は料金が非常に高いので、可能な限り、行政が運営している粗大ゴミセンターを利用するほうがよいとは思いますが、思い立ったらすぐに捨てられるというわけにはいきません。

でも、そんなことを頭のどこかに忘れないようにしておくだけで、無駄なものは買わないようになります。ＩＫＥＡやニトリの組み立て家具は、気軽だしおしゃれなものもたく

さんあって夢が膨らみますが、**大型の家具は解体も大変なことから要注意アイテムです。**

廃棄処分をする時には、ネットの掲示板サイト「ジモティィ」を利用して無料で引き取ってもらったり（その代わりにオフィスまで取りに来てもらう）、メルカリやヤフオクなどを使って売却することもリサイクルになり、おすすめです。

資金さえあれば、大きなものを購入するのは簡単です。しかし、昨今は大きなものや電化製品を捨てたり、引っ越しのために処分をしたりするほうが非常に困難です。時間や労力もかかる上に、金銭的なリスクまで伴ってしまうのです。

デスク、チェア、棚、電気製品などからカーペット、観葉植物の土（これも問題となります）に至るまで、**何か購入する際には捨てる時のこともイメージしながら購入しましょう。**

第2章のポイント

オフィス探しは、夢へ近づく第一歩！
SOHO可には注意！

第3章

起業時に考えること

01

メールアドレスはどうする？

起業をすると、零細《れいさい》企業の社長やフリーランスの方など、同じように独立をした人たちと仕事を通してお会いする機会が増えますが、いつも思っている疑問の1つとして、「一定多数の人が仕事用でフリーメールを使っている」ということがあります。

特にフリーランスの方や、ひとり会社の社長に顕著です。一番多いのは、Ｇｏｏｇｌｅが提供するＧｍａｉｌ《ジーメール》なのですが、仕事の名刺にもＧｍａｉｌを記載、しかもそのＧｍａｉｌアドレスを使って大手クライアントなどともやりとりをしているのです。

（オリジナルのドメインアドレスを使って、Ｇｍａｉｌのシステムを使う方法はおすすめです。ここでいうＧｍａｉｌとは、メールアドレスが「gmail.com」のことを指します）。

サーバーのコストや面倒な設定を考えなくてよいという利点はありますが、クライアントサイドからみると、安全面においても、信頼という面においても、これはいただけないようです。

私は、自分の会社独自のドメインとメールアドレスを持つべきだと思っています。というのも、自分のメールアドレスは会社の玄関や窓口であり、会社の存在感を高めるための信頼の証《あかし》しでもあるからです。

自分と同じような小規模の法人やフリーランスの方同士、もしくは友人などとやりとりする分にはまったく構いません。しかし、会社を設立し、ある一定レベル以上の企業とお付き合いをすることになった場合は、「gmai.com」だとどうしても足元を見られてしまいます。

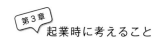

例えば、「この人は、自分の会社に基本的な投資すらしていない。そうならば、数年で会社経営を辞めちゃいそう」と、思われる可能性が大いにありますし、格下に見られてしまいます。

まれにＧｍａｉｌが届かない、サービスが止まっている、なんていうこともありますので、可能な限り、自分の会社のドメインアドレスを使ったほうが無難です。

「co.jp」は、法人しか登録することができないドメインですので、可能であれば、WebサイトもメールもD「co.jp」を使うと、自分の会社における信頼度数が向上します（「co.jp」がなければ、「.jp」や「.com」でも構いませんが、こちらは法人でなくても取得可能です）。

チームが増えた時には、同じドメインのメールを提供してください。

そして、会社用のメールとは、別にバックアップ用のＧｍａｉｌを作り、会社用のメールでもしも何か起こった場合の対策として、そのＧｍａｉｌに転送機能をかけておくのがよいと思います。もちろんプライベートのメールとは切り離して使いましょう。

02

荷物の受け取りはストレス

起業をすると様々な郵便物、宅配などが日々届くようになります。

ネットショッピングで会社の備品（飲み物、コピー用紙など）を購入することも必然的に多くなりますし、取引先から書類やら商品やらが郵送されてくるなど、かなり頻繁です。

筆者は、Amazonビジネス（一般よりかなり割り引かれた金額で物品の購入ができる、法人のみが加入できるサービス）を多用していたり、ポイントによってはヤフーショッピングや楽天など他のショッピングサイトも使ったりと、ネットショッピング率がかなり高めです。

宅配ロッカーのあるオフィスであれば、受け取りは問題ありませんし、ネットショッピングでも日時指定ができる場合や、郵便物であれば郵便ポストに投函されるものに関しても特に問題はありません。

しかし、そうではない荷物の受け取りに関しては、割と厄介《やっかい》です。郵便物でもレターパック（赤いほうのパッケージ）は直接の受け取りになるし、時間指定ではないため、これもまた面倒です。


社員が何人もいるような会社なら、営業時間内であれば誰かが受け取ることができますし、自宅で家族が日中もいるのであれば、心配はいりません。

しかし、ひとり会社の場合はそうはいきません。出かけていたり、出社する前や退社した後、週末や祝日に荷物が届いてしまうことが多々あります。そのたびに再配達をお願いするのですが、その日はオフィスにいないといけないため、時間を気にしながら何かと行動が制限されることで、ストレス度合いが上がってしまいます。

また再配達してくれる方にも申し訳なく思ってしまいます。


昔はその対策として、オフィスドアの側にガスメーターの扉があったため、そのスペースをこっそり使っていました。しかし鍵がかからないリスクがあるため、Amazonで山善ブランドの70リットルのソフト宅配ＢＯＸを見つけて購入しました。これをドアの前に置いておきます（廊下は共有施設ですので、普段は畳んで片付けておきます）。

ゆうパックだと箱のサイズが「大」、ヤマト運輸の箱のサイズだと「100」、佐川急便の箱のサイズだと「L」が入る大きさで、耐水かつジッパーで閉じる方式です。

普通の小包なら十分に対応できる大きさで、ドアなどとワイヤーで繋げて固定することもできます。ダイヤルロック式のロックが2つ、一般的な解錠タイプの鍵が3つ付いています（鍵は解錠しておいて使います）。

再配達に関する煩《わず》わしさを減らすためにも、ぜひ検討してみてください。

▼宅配ロッカーがなければ宅配ＢＯＸの活用を。ストレスから解放されます。

03

年々ハードルが上がる銀行口座の開設

はじめて法人としての登記をすると、オフィスインフラとともに必要なのが銀行口座です。

私は、都市銀行（メジャーなものだと東京三菱UFJ、三井住友、みずほのようなメガバンク）もしくは地方銀行に口座を1つ、ネット銀行（楽天銀行、GMOあおぞらネット銀行、PayPay銀行などのネット専用銀行）の口座を1つ持っています。

創業当初は、信用金庫に口座を持っていました。八百屋さんなどの地域に密着した業態であれば、集金をしてくれたり、融資も下りやすかったりして良いと思うのですが、ATMの利用時間や使い勝手、ネットの使いにくさ（ITインフラの遅れ）など、いろいろ不便な面があって解約をしました。

今は、この都市銀行とネット銀行の2つを使い分けて、活用しています。

都市銀行と呼ばれる大手銀行の口座は、なくても特に問題ないのですが、私の会社の場合は、お客様の会社が大手銀行と付き合いをしており、「大手銀行に口座があってこそ企業として認める」という文化があったこと、さらに信用金庫だと大手銀行への振り込み手数料が高くなってしまうことから、大手銀行の口座を持つことが最初の計画に入っていました。

ところが昨今は、口座を作ることにおいても年々ハードルが高まっているようです。

最近出会った人たちから、「口座を作ろうと大手銀行を訪問しても、審査に落ちて口座を作ることができない」という話をよく聞くのです。

よく聞いてみると、事前準備を何もせずにただ訪問して口座を作りたいと話したり、何か順序を間違っているのではないかと感じるようなやり方でアプローチをしている人が多いことが分かってきました。

そこで、高確率で大手銀行の口座取得ができる方法を伝授したいと思います。大手銀行の口座を持つためには、結構綿密な準備が必要なのです。

まず会社員時代に作った通帳など、ほぼすべての人が銀行の口座を持っていると思います。もし大手銀行の個人口座を持っていたら、同じ銀行にアタックしてみるのが最初の一歩です。できたらその個人口座と同じ支店、もしくは登記した住所の近くにある支店が望ましいです。

そして、希望する銀行へ突然出向くのではなく、まずは事前に電話をして、会社の口座を作りたいこと、どこへ行けばよいか、いつ行ったらよいかなど（実際はいつ行ってもよいのですが）をわざとらしく聞いてみましょう。会社名を尋ねられることもありますが、そうしたらめっけもの。きちんと名乗ってください。

銀行側は会社名をメモしていることもあり、訪問した際には銀行側も既に心の準備ができています。多くの場合、予約の必要はないため、「営業時間内であればいつでも来てください」、もしくは「空いている時間はいつ頃です」などとアドバイスをくれると思います。ここはぜひ慎重に、丁重《ていちょう》に進んでいきましょう。

さて訪問する際は、できるだけフォーマルな服装で入店してください。男女とも清潔なスーツが無難ですが、男性だったらジャケパン、女性でしたらカットソーの上にジャケット（下はスカートでもパンツでもよいです）などでも問題ありません。

靴に関しては男性は革靴、女性はローヒールな靴で、きちんとしたものを磨いてきましょう。普段は作業着やTシャツであっても、最低限、ジャケットは着用しましょう。


大手銀行は、考え方がかなり保守的です。

私たちもそれらに合わせてきちんと対応すれば、向こうもきちんと対応してくれます。普段、仕事上でもジャージやTシャツでスーツなど着たくなくても、TPOはわきまえ、メリハリをつけましょう。

必要なのは自分らしい格好よりも審査に通ることです。そのためには見た目の雰囲気も大切。その場限りの演技でよいのですから、頑張りましょう。


その際の提出書類として、登記簿や会社の印鑑などが必要ですが、もう1つ忘れてはならないものがあります。**それは、あなたの会社の名刺、そして企業概要とシンプルかつ伝わりやすい事業計画書です。実は、ここが一番大切なところです。**

私の場合は、PowerPointで作ったスライド数枚に会社概要と事業概要、そしてビジネスプランをまとめ、印刷して簡単に製本したものを持っていきました。内容が少し大袈裟になっても、**きちんとしたビジネスであること、お金の流通が増えそうであること、そして反社会的なビジネスでないことが理解されれば大丈夫です。**

また銀行は、東京三菱UFJや三井住友などの都市銀行とは別に、ネット専用銀行（GMOあおぞらネット銀行、楽天銀行など）の口座も持ったほうが絶対的に便利です。**実は都市銀行のネットバンクやアプリは個人だと無料なのですが、法人だと有料なところがほとんどで、しかもその使い勝手が非常に悪いのです。**

また、セキュリティが異常なほど過剰に設定されていたり、しかも使えるOSが限られていたりして、サイトを開くたびにサイトのアップデートだとか、今度はOS側のアップデートだとかとやたらに時間や手間がかかって不便です。

しかも都市銀行のオンラインバンクの場合は、手数料の高さが半端じゃありません。なぜかネットからの振り込みのほうがATMからの振り込みより振り込み手数料が高いなど、理解に苦しむことが多々あります。その点、ネット銀行はネット事業に特化している分、手数料は安く、また使い勝手が非常によくて便利です。

私の場合は、前述したように都市銀行とネット専用銀行の2つの銀行を使い分けています。大手の顧客や格式が求められる仕事の場合は都市銀行を使い、カジュアルな顧客への支払いや、私の会社から他社へ振り込みをする場合には極力、ネット銀行を使っています。

また請求書を起こす際には、**2つの銀行口座名を併記すると、相手側が銀行を選択できるため、振り込みもスムーズですし、口座数が2つぐらいだと管理もしやすいです。**

ただし、海外からの振り込みがある場合は、ちょっと注意が必要です。

以前、香港の顧客からカナダドル決済で振り込んでもらうことがあり、ネット銀行のほうが手数料は安く便利だと思い、請求書にそのネット銀行の口座を記入したことがあります。

しかしその後、いつまで経っても振り込みがなく、心配に思っていたら、やがて香港の顧客から振り込みがされず、お金が返ってきてしまったと私に連絡がありました。

なぜこんなことが起こるのだろうかとよくよく調べてみたら、私が使っているネット専用銀行では、カナダドルを海外に送金することはできても、受け取りはできなかったのです。

送金を受けるのに利用できる通貨は米ドル、ユーロ、豪ドル、NZドル、南アフリカランド、そして日本円のみだと、サイトに小さく書いてあるのを見つけました。

焦ってすぐに都市銀行の口座を伝えたところ、そこはさすが都市銀行の国際力。たった半日で香港から振り込まれました。

このようなことも実際にあるので、**銀行口座は都市銀行とネット専用銀行の両方を持ち、臨機応変《りんきおうへん》に使っていくことをおすすめします。**

04

決算はどうする？ 税理士のこと

会社を設立したものの、当時の私には税務に関しての知識はなく、しかもそれについて考えることも苦手でした。このような理由から、会社員時代に使っていたマーケティング活動用の、Excelの予算管理シートのテンプレートを使ってお金の管理をしていました。

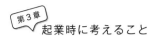

その当時は、会社はひとりだけだし、まだ規模も小さく、何よりも給与はたった5万円（設立当時は5万円に設定していました）。銀行口座も1つだったので、お金の出入りも超シンプル。何よりも利益がほとんどない状態で、自分の会社のお金の出入りだけを管理すれば、決算も簡単に乗り切れるだろうと考えていました。

しかし、その考えは甘かったようで、管轄《かんかつ》の税務署から税務説明会のハガキをもらったのをきっかけに、税務署が開催するセミナーに通ってみたものの、内容はさっぱり……。

その後、「税理士いらず」という、小規模法人事業者が自力で決算書と税務申告書を作成するための税務会計ソフトを見つけ、何とか自力で入力をして、決算の際に資料をダウンロードして税務署に持ち込みました。

とても厳格だと思い込んでいたイメージとは裏腹に、税務署の受付の方はとても親切で、分からないことや基本的なことでも丁寧に教えてくれました。


昨今は、そのほかにも、決済ソフトで有名なFreee《フリー》など、クラウド上で入力や管理もできてしまうものから、経費から請求書の管理まで日々のお金を流れをオールインワンで管理したり、決算資料を作成してくれるソフトやアプリも数多くあります。

知り合いに、何を使っているか聞いたり、自分に合うようなソフトやアプリを探してみるのもおすすめです。

ただし、ひとり起業と言えども、税制は非常に複雑で、かつ毎年制度や法律も変わり、自分の知識のエリア外である税務の知識を蓄えていくのは一苦労です。消費税なども、まずそれをどうやって計算すればよいのか、ネット検索をしても概要は書いてありますが、実際の計算方法はよく分かりません。

また、クラウドの決算ソフトは、FAQ（Q&A）重視で、細かい相談までには答えてくれないばかりか、メール対応が基本のため、自分の相談をどうメールに書き起こせばよいのかに頭を悩ませます。しかも頻繁にアップデートがあり、結構費用もかかります。そして、何よりもそのことで悩み、時間を費やしてしまうのは本末転倒《ほんまつてんとう》です。

であれば、自身の会社は収益を上げることだけに集中し、細かい決算業務や税務は税理士にお願いしたほうが得策《とくさく》ではないかと考え直しました。

そこで税理士をネットで検索し、同時に周りの知人にどうしているか相談をしてみたところ、次のようなことが分かってきました。

- 何人も所属しているような税理士法人ではなく、個人でやっている税理士とお付き合いすると精神的に楽なこと
- 税理士は、規模の大きな企業だけを担当しているわけではなく、私の会社みたいなひとり会社や零細企業、商店なども多く担当していること
- 小規模事業主に特化した税理士も数多く存在していること
- 料金やサービス体系もみな似てはいるけれど、意外と多種多様であること

例えば、多種多様なサービスの中には、決算書を作成するだけのサービスもあります。これは、毎月のお金の流れを記載した資料や、レシートなどを裏紙に貼り付けた資料、その他の社会保険など関連資料一式を送付すると、税理士はそれらをもとに決算書を一気に作り上げるというものです。

そのほかにも、決算期に一回会うのみで、あとはメールのみでのお付き合いで、決算書が完成したら費用を振り込んで終了というサービスだったり、資料を作成してもらい、自分自身で税務署に納付するというサービスもあります。

また、もう少し細かく丁重に対応してくれますが、決算時のみのサービスや、月々規定の料金（リテーナー費）を支払って、決算時にも特別料金を支払うサービスなど、いろいろな形態がありました。

さらに、ひとりで会社を経営している知人に絞って、いろいろと聞いて回って分かったことは、小規模の会社を経営している社長は、おおよそ月2万円～4万円のリテーナー費を払っていました。そして、決算時に税理士が来社、もしくは社長が税理士を訪問して面談した後は、税理士が決算資料を作成し、オンライン上で提出するタイプが多いことでした。

私は、その時の知人に税理士の先生を紹介していただき、その先生とのお付き合いは今も続いています。

月ごとに指定のソフトに経理内容を記載していき、別途請求書・経費・銀行通帳のコピーなどをまとめ、四半期ごとにメールと郵送で送ります。

年に一回の決算時には、私が税理士の先生の事務所まで出向いてミーティングをし、あとは先生のほうで処理をしてくれるという流れです。

費用は、月3万円強。決算時の費用として、別途かかった実費のコストがかかっています。頻繁にコミュニケーションを取るのが苦手な私としては、付かず離れずのほどよい距離感で付き合え、何かある時にはメールで相談もできる税理士の先生で大変助かっています。

最後に一点。私たちのような、ひとり会社でも登録必須のインボイス制度が始まりました。請求書には、登録番号を記載することになります。

そして、オンライン上で取引した業務や買い物は、請求書を紙に印刷するだけでなく、PDFなどにして保存をすることも求められています。

05

社会保険・税金のこと

私の場合、会社員時代は厚生年金で、さらに上乗せの厚生年金基金にも加入していました。また起業してからは、社会保険は個人として国民年金と、住まいのある行政が提供する健康保険を活用していました。

しかし、2016年（平成28年）からは、ひとり会社でも厚生年金保険と健康保険（社会保険）への加入が強化され、現在では、ひとり会社でも社会保険の加入が義務となっています。つまり、株式会社である限りは、国民年金と、区や市役所が提供する健康保険だけではダメだということです。

私が起業した当時はまだグレーゾーンで、ひとり会社で社員を雇用していないということもあり、国民年金と地方行政が提供する健康保険で済ましている人が大勢いました。私もそのひとりだったのです。

しかし、社会保険に対する制度が変わり、社会保険事務所から「社会保険に未加入です」という催促《さいそく》の連絡が何度もあり、そのままの状態でいると立入検査の可能性もあるということで、最終的に会社としての社会保険への加入に至ったという経緯があります。

法人を設立して社長になると、年金制度は「厚生年金」、健康保険は「協会けんぽ」という名称になります。この厚生年金は、国民年金の上に重なる2層型で、国民年金の保険料より一般的には高く、給料の約18・3％の負担（変動の可能性あり）となります。

また保険料は、給料からの天引き分と、会社が別途払う折半《せっぱん》方式（半分ずつ）で、金額の詳細は社会保険事務所のホームページに記載されています。

厚生年金のメリットとしては、将来受け取る年金額が多くなることです。

保険料に関しては、地方行政のものと比較して、どちらが高いとは明言できませんが、厚生年金だと高齢年金保険の給付や、もしも障がいの状態になってしまった時の給付、亡くなった時の遺族厚生年金などの制度が備わっています。

また、健康保険も医療の給付や手当てなどの支給は、協会けんぽのほうが充実しているようです。

加入するのは簡単でした。書類に記入し、会社の謄本、法人番号の書類の写し、そして個人のマイナンバーがあれば、その月から加入することが可能です。

この本を読んで下さっている方で、現在は会社員という方は、会社を設立する月の1ヶ月前に勤めていた会社を退職すると、「何も入らない、入れない」という期間がなくてスムーズだと思います。

もし勤めている会社を退職する月と、会社設立の月の間にタイムラグがある場合には、その中間の時期は国民年金と地方行政が提供する健康保険に入りましょう。

さて、ここで注意することがあります。それは報酬の額です（起業すると、給料の代わりに報酬という言葉を使います）。

要は月々に自分へ支払う給与額のことなのですが、この金額のわずかな誤差で、社会保険料の額が変わります。しかも源泉徴収《げんせんちょうしゅう》額も同じく変わってくるので、社会保険の表と源泉徴収額の表の両方を見て、負担が少しでも少なくなる金額を選ぶことが重要です。

例えば、24万円～25万円のレンジで月額の支給額を考えることとします（この金額は、定期券代などの給与にプラスされる金額を含んだ額とします）。すると、25万円までの給与額と、25万円からの給与額で、厚生年金・健康保険の保険料が変わってしまうのです。

ちなみに折半というのは、社会保険料を半分に分け、1つは給与額からの引き落とし、もう1つは会社が払うことを言います。

会社員時代と同じ構造ですが、**ひとり会社の場合は自分の給与から折半額を引き、残りの折半額を会社の口座から支払いをすることとなります**。結局は全額、自分で払うのですが、この点は意外と見過ごしやすい点なので注意しましょう。

「以上」は、その数字が含まれ、「未満」は、その数字が含まれません。次ページ上の社会保険料の表を見ていただきたいのですが、24万9800円にするか25万円にするかで、健康保険料と年金保険料が微妙に変わってくることが分かってくるかと思います。

厚生年金は将来的に自分に返ってくるお金なので納得ですが、健康保険は返ってはこないので、この差額分をどう捉えるか、どう考えるかで給与額の決定が変わってくるかと思います。

▼社会保険料（2023年の場合）

等級	月額	健康保険料（39歳まで）介護保険なし	健康保険料（40歳から）介護保険有	厚生年金保険料
19	230,000以上 250,000未満	24,000（全額） 12,000（折折半）	28,368（全額） 14,184（折折半）	43,920（全額） 21,960（折折半）
20	250,000以上 270,000未満	26,000（全額） 13,000（折折半）	30,732（全額） 15,366（折折半）	47,580（全額） 23,790（折折半）
		2,000(差額)	2,364（差額）	3,660（差額）

※社会保険事務所のＨＰに掲載されています。
※この金額は2023年度（東京都）のものです。随時変更されますので最新版の表を確認してください。

▼源泉徴収の税額表（2024年）

月の社会保険控除後の給与額	月の税額（扶養者０）	月の税額（扶養者1）	月の税額（扶養者2）	税額
	甲	甲	甲	乙
209,000以上 211,000未満	5,130	3,500	1,890	23,900
211.000以上 213,000未満	5,200	3,570	1,960	24,400
213,000以上 215,000未満	5,270	3,640	2,030	25,000
215,000以上 217,000未満	5,340	3,720	2,100	25,500

※甲……給与所得者の扶養控除等（異動）申告書の提出がある人に適用。あなたが受け取るひとり会社からの給与が主たる給与であればこちらが適用されます（大半の従業員は甲欄を適用）。
※乙……給与所得者の扶養控除等（異動）申告書の提出がない場合に適用。例えばあなたが経営するひとり会社以外（２箇所以上）からも給与をもらっていて、別の会社で給与所得者給与所得者の扶養控除等(異動）申告書を提出している場合にはこちらの額が適用。

さらに、この社会保険には「こども・子育て拠出金」という税金がプラスされます。これは会社に勤務している従業員全員分の年金料とともに毎月負担される税金です。社会全体で子育て支援にかかる費用を負担するというもので、給与明細には明記されませんが、月々の社会保険の支払いに上乗せされており、会社だけが支払います。

これだけで安心してはいけません。月の報酬額から社会保険料などを引いた額に、所得税の源泉徴収がかかってきます。

こちらは国税となりますので、管轄は社会保険事務所ではなく国税庁です。こちらは国税庁のホームページにある源泉徴収税額表を確認します。

例として、報酬月額25万円から社会保険料を引いた額を想定して見てみましょう（健康保険3万732円、厚生年金4万7580円の折半額を引く。2024年現在）。

前ページの下にある税額表をご参照いただきたいのですが、表を見て分かる通り、この場合の源泉徴収額は扶養なしの場合は5130円、扶養1の場合は3500円となります（確定申告で微修正される場合があります）。国税に関しては、社会保険ほどの違いはなく、それほど心配をしなくても良さそうです。

そしてさらなる支払いは、住民税です。例えば、私は東京都23区内に住んでいますので、都民税と区民税が発生します。

こちらは住民税の通知が会社宛に届くので、通知に従って、6月から翌年5月までの年12回払いに分けて給与から天引きで支払うこととなります。これを「特別徴収」といいます。社長と従業員が対象で、会社員だった頃は、給与から天引きされていたかと思います。

この住民税の支払い方にはもう1つ、「普通徴収」というのがあります。住んでいる役所から納付書が自宅に郵送され、一括もしくは年4回に分けて、銀行やコンビニなどで支払うというシステムです。

一般的には法人化をしていないフリーランス（個人事業主）向けと認識されていますが、正社員が社長ひとりの会社や、社長と総従業員数の合計が2人以下の会社の場合は、特別徴収ではなく普通徴収でもよいことになっています。

実はこれにはメリットがあって、普通徴収にすると、事務処理・手続きが少なくなります。何も申請をしていないと「特別住民税の特別徴収義務者」に指定されてしまい、特別徴収になってしまいます。郵送で手続きができますので、ぜひ普通徴収への切り替え申請をしておきましょう。

ひとり会社だと労務などを専門家に頼むこともできず、何から何まで自分でしなければならないため、事務手続きにかけられる時間は限られてきますので、この徴収方法のほうが楽だと思います。

第3章のポイント

銀行口座は、大手銀行とネット専用銀行の２口座を準備しましょう。

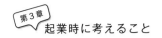

コラム

仕事をしながら世界のラジオ

会社勤めだと仕事中に音楽を聴くのはかなりのハードルですが、ひとり起業だとクラシックやジャズ、歌謡曲からＫポップまで何でも聴き放題です。私の場合はアップルやSpotifyといったサブスク以外では「My Tuner Radio」というアプリ（iOS/Android）を愛用しています。このアプリはなんと５万以上にもおよぶ世界中のラジオ局、そして250以上の日本のラジオ局を無料で聴くことができます。世界のラジオは音楽番組が多く、オフィスにいながら海外にいる気分を味わうことができます。日本の地方のラジオ局も、土地それぞれの文化を感じることができて面白いです。ぜひお気に入りのアプリをスピーカーに繋げてみてください。小さな工夫で思いっきり楽しく仕事をすることができます。

第4章

ひとり会社経営のヒント

01

時間は区切る習慣を――会社員時代とは違う時間の使い方

ひとり起業を果たし、会社を経営していく中で私が非常に感銘を受けた言葉があります。それは、**『84歳現役弁護士に聞く「生涯現役のススメ」後半』**（2019年5月15日、Yahooニュース）という記事で、KKM法律事務所代表の倉重公太朗弁護士の質問に答える形で、当時84歳の森田武男弁護士が語られた言葉です。

仕事をしていくには、体力づくりが大切だという主旨の中で、次のようなお話がありました（記事をそのまま転載いたします）。

「40代末になって、自分で独立した時にやはり**自分の時間というのは貴重**だと思いました。自分の時間は勤務している限り勝手なことはできません。でも自分で独立して、自分の責任で弁護士の業務をやる以上、その時間の配分を考えて、自分で体力づくりをする時間、ストレスを発散する時間、趣味に集中する時間をきちんと区分けして、それで始めたということがあります。」

（[URL] https://news.yahoo.co.jp/expert/articles/e86c6d4751193c7c9625e66c4a192def2f1ad269）

森田先生は、趣味のオーディオシステムの音質を極限まで高めるため、よりピュアな電源を求めて、自宅の前に自分だけの電柱を設立したという方で、とても多趣味の方です。たまたま目にした記事だったのですが、自分自身が実践していた時間の使い方と重なることもあり、年齢に関係なく仕事でご活躍され、自分の時間も大切にするという姿勢が妙に心に響いたのを覚えています（その後、森田先生は２０２１年3月に逝去されたというニュースを拝見しました。謹んでご冥福《めいふく》をお祈りいたします）。

自分で独立をして会社を運営し始めると、**一日の限られた時間をどう使うか、それに対する時間の配分を考えることを強く意識し始めます。**

それは**会社員時代とまったく違う時間軸**で、オフィスでの時間拘束がない分、良い意味で、会社員よりもあっという間に一日が終わってしまうような気がします（コロナ禍を機に、昨今は業種によっては会社員でもリモートワークが進み、私たちと同じような時間枠になる方も多いのではと思います）。

しかし、きちんとやることを意識せずに時間に流されてしまうと、仕事だけの人生になりがちですし、その仕事も惰性《だせい》で進んでしまい、思うように達成感を見出すことができず悪影響を及ぼしてしまいがちです。

そこで時間軸に対する策として私が特におすすめしたいのは、先ほどの故森田武男先生の話にもあった、時間を縦割りにすることです。時間枠で、その日にやるべき仕事を区切ってしまうのです。

例えば、プライオリティ（優先度）の高い企画提案書の作成は朝10時〜午後1時まで、午後1時〜3時はランチとジムでエクササイズ、3時〜4時はちょっと経理作業をこなし、4時半〜6時はサイトの管理とメール送信、6時半〜9時は通勤と家族と過ごす、もしくは趣味に時間を費やすなどといった具合に、**最初に時間を設定して、その間は特定の活動に集中するのです。**

ちょっと気の重い作業があってストレスに感じている場合には、軽めの仕事とミックスさせて、30分刻みにするのもおすすめです（内容によっては15分刻みでも大丈夫です）。

その場合は、その大変な仕事（企画書作成など）と、気楽な仕事（Excelの入力など）を交互に混ぜるようにすると、マルチタスクを効果的に進めていくことができます。

そしてその間は、どうしても大切なことがある場合を除き、無駄にメールやチャットを立ち上げないことが大事です。

特に、午前中は脳もフレッシュした状態で、精神的にも落ち着いて集中しやすい時間帯です(私は朝のゴールデンタイムと思っています)。この午前中の時間帯は、外出やミーティングなどが入らない限り、制作物など何かに没頭するのに向いている時間だと思っています。

そして時間の邪魔をしてしまいがちなメールやチャットですが、隙間《すきま》の時間帯や、一区切りついた頃合いにメールをチェックすることで、業務の集中に支障が出ずメリハリが生まれます。

また、一方で体力維持や人との交流など、プライベートの時間も重要です。時間を縦割りにしていくことで、活動そのものを割り切ることができ、公私問わず様々な業務や活動を効率的かつクオリティを持って実現していくことができるわけです。

さらに仕事中にジムに行って、運動をするのも良いでしょう。むしろ、それは自分のモチベーションを上げるために必須項目です。

その間に仕事の電話がかかってきた時には、クライアントとの会議という「エクスキューズ」を使います。このサボり時間を取り入れるのは理《り》に適《かな》っています。時間の管理術を身につけて上手に仕事をサボりましょう。

時間の自由とその使い方の選択は、常に時間や場所に拘束される会社員には決してできないことで、起業を果たした者の最大の特権です。時間の自由とその効率的な使い方は思う存分、最大限に謳歌《おうか》したいものです。

このやり方と相性が合うようであれば、ぜひ実践してみてください。結果を出していくために、様々なものごとをやり遂げるために、おすすめの時間の使い方です。

02 メールやチャットを扱うコツ――すぐに返信しないほうがよい場合も

勤めている会社によっては、届いたメールに対して瞬時に返信される方もいるのではないでしょうか？

もちろん、状況によっては機会を逃さないために、すぐに返信することは大切ですが、ひとり会社の場合は時間に制限や限りがあり、何かに集中している時にメールやチャットで仕事が遮《さえぎ》られてしまうのは、仕事のクオリティにかなり影響してしまいます。

最近はメール以外にも、ＬＩＮＥやFacebook経由のメッセージ、Slack《スラック》やChatwork《チャットワーク》などのチャットアプリなど、コミュニケーションの手段は多岐にわたっており、スマホでも簡単にチェックできてしまうので、仕事のクオリティや集中することを考えると、なおさら注意が必要です。

また、よく考えずに大切なことを瞬時に決断してメール返信をしてしまうと、早合点《はやがてん》になってしまうことがありますし、そのメール内容について相談できるようなスタッフは、ひとり会社にはいません。

何よりも、メールやチャットによって集中力が途切れて時間だけが経ってしまい、一日が無駄に終わってしまう状況は絶対に避けなければなりません。その場合は、1行〜3行の確認の返事だけを先にしておいて、時間を稼ぐというメールの仕方も有効です。

そこまで重要ではない確認事項だったり、早く送ってしまったほうが解決してストレスがなくなるような内容のメールであればすぐ返信を。中レベルぐらいまでのメールは縦割りの隙間の時間、もしくはその日中に返したほうがよいと思います。

しかし、重要度が非常に高いメールに関しては少し寝かせたほうが得策である場合も多々あります。例えば、決断や相談、アドバイスを求められるようなメールであれば、次の日に返信するのも1つの手です。

夜、それについて考えたりしても、翌朝に考え直してみると違う考えに変化していたりすることはよくあること。そのため、**非常に重要な項目は、無理に瞬時に返信しない勇気も大切です。**

私が心がけているのは、重要性の高いメールに関しては、夜、家に帰って落ち着いた時間帯にメール返信のドラフトを作っておいて、少し安心して就寝。翌朝、ＰＣを開いてから再度ドラフトを見直して、その時に改めて感じたこと、思ったことを鑑みつつ、そのドラフトを編集・修正していくのです。そうすることでメールの内容が熟すため、早合点しないで返信をすることができます。

言いたくないけれど、伝えなければならない、主張しなければならないような内容で、かつ誰かにアドバイスを求めたりすることができないようなメールの場合は特におすすめしたい手法です。

相手はメールが瞬時に返ってこなくても、実はそんなに心配をしていません。メールの内容のほうがよっぽど大切です。

また、メールの扱いで重要なのは、タイミングです。

メールの送信は、金曜日の夕方以降、月曜日の午前中（特に朝一）、そしてランチの時間帯は避け、常識的な業務時間内に送信するのが相手に嫌な影響を与えないコツです。**緊急性の高いメールやチャット以外は、平日であっても夜遅い時間帯の送信はやめたほうが無難です。要は自分が送られて嫌な時間は相手にも送らないことです。**

仕事の付き合い以上の人に、遊び半分のメール（ＳＮＳを含む）を営業時間中に気軽に送るのもやめましょう。仕事に関係のない連絡は、相手の業務時間外に送るのがよいと思います。

03

社員がいなくてもチームを作れる――バーチャルスタッフの活用

ひとり起業は、母体が小さいのが長所でもあり、短所でもあります。

大企業みたいな多様な人材やネットワーク、経済力、そしてバックアップサポートや保証がないからこそ、**私たちは特定の人間関係に束縛されたり、固執することなく、その時の人間関係や状況に応じてフレキシブルに行動し、そのたびに調整を施しながらアップデートを重ねていくことで、会社の力を強くしていくことができます。**

そこで課題になるのが、「人がいない」「人を雇えない」ということです。いきなり正社員を雇用することは正直難しいのですが、**ひとり起業でも多様な人たちとコミュニケーションを取り、自分とは違う仕事のやり方や考えを積極的に取り入れる運営をしていくこ**

とは可能です。そのほうが仕事の質も自分自身も成長します。

今は会社にいなくても仕事ができる時代で、オフィスにいる人のみで会社が成り立っているわけではありません。ランサーズ、ココナラ、クラウドワークス、タイミーなどの**オンラインマッチングサイトをフル活用して人材の取り込みを積極的にしてみると、一気に仕事を効率化させることができます。**

例えば、数字の打ち込み、サイトのバナー制作、サイト管理、レイアウトやデザイン、パンフレットの制作、編集作業などは、今は何でもオンライン経由で仕事を発注できます。ランサーズでは、週に何回かオフィスに来てもらって仕事をしてもらえるオプションもあります。まるで週4回リモートして、週1で出社する正社員のようです。しかも雇用保険を支払う必要もありませんから、手続きもすべてオンライン上でシンプルです。

私の場合ですが、昔は企業で働いていて、現在は子育て中の女性の方によく仕事を発注しています。子育て前に会社勤めをされていたので、仕事環境の理解や社会常識も備わっており、また生活で忙しいからこそ稼働可能な時間内で集中して、責任を持って仕事を完成させる方が多いように感じたからです。

その中で頻繁にお願いする人には、私の会社の名刺とメールアドレスを渡しており、クライアントにもチームとして紹介し、担当者との折衝《せっしょう》も直接お願いしています。

「子供が生まれてからは、ビジネスの社会から離れてしまい、少し悔しくもあり、また一方で心細く思っていましたが、今は可能な時間内で社会に関わることができ、さらに名刺を持つことで自信も出て、お金も稼げることが自分のスタイルに合っています」

とその方がおっしゃってくださり、私もまるで我が社の社員のように思っています。まさにWin-Winです。

また昨今は、**副業が可能な企業が増えていることを反映し、オンラインを経由してそのような人たちを採用できれば、彼ら彼女らがひとり起業の味方になってくれます。**

素晴らしい社員のようなものですし、ともに相性が合えば会社をパワーアップしてくれるでしょう。これらは自分の会社のコミュニティでもあります。そしてひとり会社の社長が、そのコミュニティの大将になるのです。

良いチームで仕事をして、そして顧客がその仕事の成果を気に入って、また次の別の仕事に繋がって、再びその素晴らしいチームで仕事ができる。これぞ幸せな仕事の循環です。ありがたいし、とても嬉しいことです。

正社員を雇用しなくても、まるで社員のようなスタッフがおり、そして「じぶん会社」のコミュニティが存在していけることは事業の可能性を向上させます。

なお、唯一の欠点は、業務もオンラインが中心になってしまうため、いつもサポートをお願いしている人なのに一度も直接会ったことがない人もいること、また普通の会社のように日々ちょっとした雑談や話ができないことでしょうか。

でもこれは、そういうものなのだと思って慣れることができますし、いろいろな人たちとオンラインで関わる中でも会話が生まれ、自然にコミュニティは形成されていくので、寂《さび》しく感じることは決してありません。

オンライン経由以外でのちょっとした仕事に関しては、市や区の役所が管理するシルバー人材制度もあり、例えば、荷物の封入や発送作業やラベル貼りなど、簡単な業務を安価でお願いすることができます。

私の会社では、コロナ禍でいったん休止しましたが、以前はオンライン経由やテンプスタッフの業務委託でお世話になっている人たちを招待して、年に一度、社内パーティーを行っていました。

会社に関わるコミュニティの人たちが一同に集まるチャンスなので、ケータリングを含めて料理をたくさん準備し、お土産《みやげ》も用意しました。遠方で来ることができない人はオンラインで参加していただき、挨拶をしてもらいました。

社長（私）はホスト役です。まるで異業種懇親会のようで大変有意義な時間でした。またぜひ開催したいと思っています。ご参考までに、たまに利用している広尾にあるケータリング料理のお店をご紹介いたします。

▼ケータリングＫＩＲＡＲＡ
［URL］https://www.kirara.gr.jp/

オフィスが狭くて難しければ、スペースマーケットなどで、どこかユニークな会場を借りたり、レストランやカフェを借りるのもおすすめです。経営者としての夢や希望がどんどんと広がります。

04

大手との提携――使い分ければメリットも多い！

裸一貫《いっかん》での起業。設立当時には大手企業との付き合いどころか、自分の会社の規模の小ささゆえ、大手企業という存在すら自分の会社からは遠い存在でした。

しかし、起業をしてみて分かったことの1つに、「**こんなに多くの大手企業が、零細企業や小規模事業主と仕事の取引を行っているのだ**」ということがありました。

大手自動車製造会社の車輪部品のネジの製造を町の小さな工場が担っているというようような、よくある構造や枠組みではありません。

例えば、社長のスピーチの台本作成、企業イベントの立案、通訳や翻訳、広報活動のサポート、ホームページのデザイン・制作・保守、冊子制作、社内報の企画・編集・印刷、役員や営業担当者へ向けたコーチング、オフィスに飾る生花を毎週届けること、料理研究家や栄養士がその会社の社食に対してコンサルティングを行うこと、社員向けの出張マッサージなどに至るまで、様々な業務を切り売りしたり、外注しているという実態を知ったのです。

いわば企業は様々な社会の集合体。そしていったん入り込んでしまうと、企業は自社の担当者の入れ替えもあることからか、もしくは変化を嫌う組織が多いからか、付き合いをしている会社（私たち）におんぶに抱っこ状態となり、ビジネス上の関係が長続きしていく傾向があります。

いったんお付き合いが始まれば、私たちの会社経営が経済的に安定することから、大手企業との付き合いによるメリットは非常に大きいと言えます。

しかも仕事が安定すれば、人材の雇用を考えることができ、私たち社長はその管理をしながら、ほかのことに時間を使うことができるようになります。これはひとり起業が発展していく際の大きなステップです。

このような仕事案件は、周りの人間関係から派生することが多くありますので、広く浅くで構わないので人間関係のアンテナは広く張って、負担にならない範囲で常にそのネットワークを磨いていきましょう。

もちろん自ら売り込みを図ることも可能ですし、ランサーズやクラウドワークス、ビザスクなどでそのような仕事が募集されることもあります。

一方で、同業の大手企業の一員として、その企業と一緒のチームになって仕事をしていくこともあります。これは広告やマーケティング、広報、デザイン、IT、コンサルティングなどの分野に多いと思われます。

例えば、私の場合ですが、以前に某大手PR会社と提携し、その会社の名刺とメールアドレスを持って、その会社の一員（肩書きはプロデューサー）として、その大手PR会社が持つクライアント企業の広報活動を長年サポートしてきました。

クライアントごとの活動費を月々その会社に請求して、そのクライアントとの仕事が続いている間は毎月振り込みをいただきます。

また、一緒になって渉外（営業）活動に行ったことや、私のほうからその会社に仕事を紹介したこともありました。お互いの相性や人間関係もよく、またその大手会社の一員となったことで、第三者からの自分に対する態度や対応、扱いも格段に違ってくることから、それはそれで良い経験でした。

しかもその会社の社員の皆さんとチームとして一緒に仕事をしたため、そこでしか得ることができない大きな規模の体験、そして様々な人との出会いや先輩後輩の関係などを謳歌し、とても楽しく貴重な機会を得ることができました。

このような大手企業との付き合いは、受け手である私たちの会社自体の経営が安定することが最大のメリットですが、反対にデメリットもあります。

私の場合のデメリットは、そのPR会社が取引しているクライアント企業との関係が終わってしまえば、私の会社のビジネスや経済も活動も一緒になって終わってしまうということでした。

私はその大手PR会社の正社員という雇用関係ではありませんから、仕事がなくなれば、給料が保証されることはありません。

さらにそのPR会社経由の仕事の割合が増していけばいくほど、財政が安定する代わりに、その会社の下請けのような形態に陥《おちい》ってしまい、自分自身の会社としての存在価値が見出せなくなってしまったことがありました。

このような状況に対処していくためには、**「うまく仕事を使い分ける」という技術が必要です。**

例えば私の場合は、その大手PR会社の仕事はクライアント数を2つまでに留め、自分の会社の仕事をする時間とパワーをしっかり確保すること、そしてその大手PR会社の仕事と自分の会社自身の仕事との割合を45%対55%でキープすること、他人にお願いできるような内容（孫請け）であれば積極的に外部へ依頼して時間と労力をお金で解決すること、このような実践方法でバランスを何とか上手に保つことができました。

そして、その大手PR会社の知名度やステータスを享受しつつも、自分自身が起業家（会社経営者）であることに対してのプライドを維持することで、互いの長所（メリット）のいいとこどりをすることが大切だと感じました。

このバランス感覚をうまく維持することができれば、会社の運営は流れに乗ります。同時に経済的にも業務的にも、大手企業に温存しすぎないようにうまく立ち回り、上手に仕事を使い分けて自身の会社を運営していくことが大切です。

05 休日は表の窓口を閉めることを忘れずに

自分で会社を経営していると、オン・オフの公私を完全に分けることが難しくなり、時間がエンドレスになりがちです。いくらやっても仕事はあり、そしてそれはどこからともなくやってきます。工場勤務のように、その日の業務が終わったら終了というわけにはいきません。

また、その仕事レベルも日々高くなっていき、それに応じてストレスレベルの度合いも上がっていきます。

そこに金額という対価の価値を十分に見出すことができればよいのですが、多くはそうではないため、人材を雇うことすら難しい会社が多いと思います。

しかし、**オンの状態をずっと続けてしまうと、自分の会社の代表である自分自身が、ブラック化に陥ってしまうリスクが高まってしまいます。**

サービス業や夜勤・当直のある業種などもありますし、不動産業のように職種によって平日が休みだったり、土日や祝日も稼働をしたり、またシフト制の会社もあるので「これが正しい！」と断言できませんが、もし基本的に月曜日から金曜日までが営業時間だとしたら、土日や祝日、そしてお盆休みや年末年始などの公的な祝日はしっかり休む、もしくは**休める日をきちんと設定したほうが高いパフォーマンスを発揮できます。**

精神的なバランスを保つためにも、オン（月曜から金曜）とオフ（土日）をきちんと分けて自分をメンテナンスしないと、オンの時に張り切って仕事をするための気力が出にくくなってきますし、精神と身体の健康も阻害されてしまいます。

また、生活の管理（家事や家族などプライベートなこと、自分自身のこと、運動や睡眠などの健康管理など）がしっかり確立できていないと、経験上、仕事のほうにもボロが出やすくなります。

一方、仕事以外の人間関係を形成していくことも、メンタルバランスを保つ意味では重要なことです。何よりも、**仕事ワールドから少し離れていろいろなことを考えたり、クリエイティブな活動をしたり、そして時には悩んだりすることで、創造的なアイディアや情熱、そして気力も湧いてきます。**

私の場合は、仕事や会社のことで悩んだりする時でも、犬の散歩を毎日することで心の安定化を図ることができています。犬に話しかけたり、自分の心に話しかけてみたり、時には自問自答したり。**できるだけ休みの日を作って、その時にはしっかりと休み、英気を養ってもらいたいと思います。**

ただ、この休むという活動は、あくまでも**「表の窓口を閉める」**という意味です。大きな会社であれば、レセプション（受付）もメインエントランス（正面玄関）も閉じられてオフィスが真っ暗になっていますが、これが表の窓口を閉めるという意味です。外部の人は、「あ、この会社は今日は日曜日なので休みなんだな」と理解することができます。

ただし、表の窓口を閉めることは、「その内側も休んでいる」ということではありません。強いて言えば、**休みの日に自分の仕事に時間を使うのはプラスの効果をもたらします。**

例えば、普段疎《おろそ》かになっている経理をExcelに入力する（単純作業）、まったく進んでいない企画書を少しでも進める（創造的な仕事）、送信予定のメールを事前に作っておく（負担を和《やわ》らげる仕事）などといった作業です。

平日は頻繁にメールや電話などがきて集中できなかったり、いろいろなタスクを綱渡り状態で作業したりするなど、なかなか静寂かつ集中できる時間枠を確保できない場合には、溜まっている仕事を休みの日に進めることは物理的な達成感もあり、精神的にも安定するものです。

私の場合は、別事業で販売をしている商品のパッケージをどんな素材にしようか、どんな色にしようかなどポジティブなことを考えるようにしています。

そうすると、いわゆる「サザエさん現象」（日曜日の夕方以降が憂鬱《ゆううつ》になること）も起こりにくく、また月曜日の朝も清々しい気持ちで迎えることができます。

表の窓口を閉めて裏ではしっかり休みつつも、余力や時間がある時には普段片付かない「自分の仕事」に費やすのもポジティブな過ごし方です。

さて、ここで1つ注意することがあります。付き合う会社が上場企業や大手企業の場合はコンプライアンスがしっかりしている会社が多く、よほどの緊急事態やプロジェクトの直前だったりする場合を除けば、土日と祝日は連絡をしてこない会社がほとんどです。

また、暗黙《あんもく》の了解で、よっぽど何かがある場合を除けば、真夜中や早朝など、非常識な時間帯に連絡をしてきません。そのあたりのマナーや常識はしっかりしています。

しかしながら、**中小企業や零細企業（特にオーナー系企業）、フリーランスの方とお付き合いをしていると、時間が曖昧《あいまい》になり、夜だろうと早朝だろうと、また週末や祝日でさえも気軽に連絡をしてくる人が多くなっていく傾向があるようです。**

しかも最近は仕事用のメールのほかに、LINEやFacebookのメッセンジャーなどで連絡を取り合う機会も増えてきており、いつでも気軽に連絡をしてくる人が激増しています。仕事関係の人から、週末に何かのお誘いを受けたりすることも多々あります。

このような人たちとの連絡やコミュニケーションに常に丁重に対応をしていると、**自分が随時、臨戦態勢になってしまい、翼を休めることすらできなくなってきてしまいます。**これは非常に厄介で、いわゆるストレスの危険信号に陥ってしまうことがあるのです。

そのような場合、ストレスフルな環境を回避していくための「自分なりの方法」を身につけていくことをお勧めします。例えば、下記のようなやり方があります。

- 夜7時以降と早朝、土日祝日（お盆休みと年末年始などを含む）は、一切メールや電話に出ないようにすることで、「あの人（会社）は、そういう人（会社）なのだ」ということを自らアピールする。また、そうできるように相手に理解させる。
- 大切な時には、必ず成功するような術《すべ》を戦略的に身につけること。この人（会社）がいないと困るぐらいのレベルまでビジネスを持っていくことで、相手企業から重宝されるようになる。そうなると、少しわがままになっても問題は起こらず、休日も堂々と休むことができる。
- 週末や祝日は、会社のメールは開かない。スマホでチェックもしない。もしくは反対に、溜まっているメールを一気に片付けてしまうというのもあり（個々の性格によります）。
- 休暇前に、その間はすぐに返答することができない旨を記載した応答メールを作っておく。
- 相手が良い人で何かのお誘いを受けても、自分のために断る勇気も時には必要。非生産的で無駄な動きや仕事を極力しないようにする。

自分の翼を休めることは大切です。オフの日は表の窓口を閉じることを忘れずにしてください。

もちろん「週末もフル稼働だ！」という人は、それでよいと思います。私の周りにもたくさんいます。しかし、人は人、自分は自分、結局は自分自身の人生です。

私の場合は、会社員時代からオンとオフはきちんと分けてバランスを取りたいタイプだったので、誰が何を言おうと、このスタイルで心身のバランスを保ってきました。

そして起業してからも、今現在も可能な限り、そのやり方を踏襲《とうしゅう》しています。

仕事はとても大切なことですが、人生すべてが仕事では決してありませんから。

昨今は、中小企業などでもリモートワークが多くなってきており、気軽にミーティングをしようという人が増えています。その結果、休日でも気軽に連絡をしてくる人が増加しているのではないでしょうか。

休日は表の窓口を閉じることを忘れずに。起業をしたら誰もあなたを守ってくれません。相手が仲良くしてくれていても、それはあなたと付き合うことで、相手にメリットがあるからです。

常に自分自身を守る癖をつけて休む時にはちゃんと休み、その分、営業日にはしっかり働きましょう。

06 受注ビジネスにはプラスαを――二足のワラジ経営で会社を活性化

受注ビジネス、つまり顧客からのリクエストによって派生する仕事を続けることで起こる、壁や乗り越える課題は既にお伝えしました。しかし、受注型の仕事に追われるだけでは、何で独立をしたのか分からなくなってくることも正直あります。

そこで少し余裕がでてきたらもう一段階ステップアップして、会社を楽しみながらさらなる展開をしていくことも、ひとり会社を運営していく上で、また精神衛生を上向きに保つ意味でも大切です。

その戦略としておすすめしたいのが、**受注ビジネスオンリーから受注ビジネスにプラスαを施し、少しずつ会社を変化させていくという運営です。**

例えば、Ｗｅｂデザイナーを営んでおり、クライアントからの受注仕事に追われ、職人として日々忙しく働いているとします。でもそれだけだと、クライアント企業からの言いなりに振り回され、最初は大丈夫でも日を重ねるにつれ、ひとり会社を経営する充実感や、自分自身へのモチベーションが上がりにくくなってしまいます。

そこで、自身がデザインしたアート作品を売るためにサイトをＥＣ化する、サイトで何かのオリジナル商品やサービスを継続的に販売するなどといった、**何かしら自分の会社オリジナルの「能動的なビジネス」を普段の会社経営にプラスすることによって、自分から何か社会へ発信している感覚が芽生え、日々が充実し始めます。**

また、その仕事もあるからこそ本業である請負ビジネスのほうもやる気が湧いてきます。

例えば、販売サイトの売り上げが３万円～５万円といったお小遣《こずか》い程度でも、受注仕事で経済が成り立っていれば両輪で活動していくことが可能なわけです。

もちろん、それはまったく本業と繋がりのない事業でもよいわけで、本業はＷｅｂデザイナーであるけれど、もう１つの仕事はアロマオイルの開発や販売、手作りジャムの販売、もしくは占い師や、ネットを通しての悩み相談コンサルタントであってもよいわけです（もちろん、それに対する時間を費やせることが前提ですが)。

要は資金と時間のバランスを考えつつ、自分がやりたいこと、やってみたいことを実践すればよいのです。そしてその2つが異業種であってもまったく問題ありません。

大手企業ではありませんから、一気に大金を使うことは避け、最初は資金を小さく使って、副業のように少しずつ展開をしていくことが重要です。ゆっくり開拓をして、少しずつ間口を広げていくのです。

もちろん本業を疎かにしてはいけませんが、ビジネスの窓口が2つあることによって、人間関係やその環境もそれぞれ違っていくので、新しい感覚の喜びや創造、そして精神的な肯定感や多福感、さらにビジネスの筋肉も大きくなっていくと思います。

さらに、もし将来的に本業がダメになってしまうことがあっても、もう1つの事業があることによるリスクヘッジは心の支えになります。

たとえ、受注ビジネスのクライアントから罵倒《ばとう》されても、難題を押し付けられても大丈夫です。**自分から何かを見出していく別事業もやっているから、何を言われても「フフン」**

と強気に対応できるようになるので、精神的な安定を得ることができるのです。

このことは、大きな自信にも繋がっていきます。頭の中に常に2つのスイッチがあり、そのスイッチが相互に切り替わっていくことになるため、集中力も高まります。

コツは、時間で業務を細切れにして区切っていくことです。

ひとり会社の場合は、これは副業ではなく二足のワラジ経営、すなわち別事業という形になります。

もちろん本業の業種や性格にもよりますが、自分の名刺やホームページの会社概要欄に2つの事業部の名称を堂々と記載して、会社を魅力的に見せることを考えてみるのも、会社を常に成長させていく上で大切なことだと思います。

第4章のポイント

自分の時間は大切。時間は縦割りで管理するとうまくいく。

第5章

ひとり起業で注意してほしいこと

01

知り合い経由の請負と中抜きには注意して！

起業後に、会社に勤めていた時の同僚や学生時代からの友人や先輩後輩、知り合いなどから連絡があったり、またはその人からの紹介で、仕事や渉外活動の機会がふと舞い降りてくることが多々あります。

その紹介によって企業と直で仕事ができるなど、うまく行けばＷｉｎ-Ｗｉｎとなって良い仕事になっていくこともありますが、同時にデメリットやリスクもあるため、そこは注意をしていかなければなりません。

特に注意をしないといけないのは、紹介をしてくれた人が経営する会社の一員となって、一緒にそのクライアント先へプレゼンテーションをしに行くことや、一緒になって仕事を進めていくケースです。

あなたの会社名ではなく、他人名義の会社名（多くは零細企業や中小企業）で、その会社のクライアントとなる会社と一緒に仕事をしていく場合、その仕事をする間は、常にあなた自身の会社が主体ではなく、他人の会社（紹介をしてくれた人の会社）が主体となります。

ということは、あなたがその会社のメンバーになるという意味です。

電話やメールをするたびに、その会社名を名乗って仕事をするということは、独立を果たした人にとってはまるでその人の会社に勤めているような感覚となり、自らのアイデンティティの置き方にも苦労するため、精神的にとても辛い経験となってしまうことがあります。

しかも、その会社のメールアドレスや名刺まで渡されたりすると、「自分は何をやっているのだろう、こんなことのために会社を創業したわけではないのに」と自問自答の日々が続くことになります。しかも知り合いからの紹介という関係性があるため、途中でやめることもできません。

お金の面に関しても同じことが言えます。こちらから、いくらいただけるのかなどお金のことを割り切って言いづらい雰囲気になるだけでなく、クライアントから支払われる月のお金が50万円の場合、契約名義である知り合いの会社から営業管理料のような取り分を引かれて、あなたの会社に振り込まれるのです。

例えば、50万円から20万円を中抜きされて、あなたの会社には30万円が振り込まれるとします。当然この場合、クライアント企業から知り合いの会社に振り込まれ、そこからあなたの会社の口座に振り込まれることになります。

しかし、クライアント企業が要求しているのは50万円分の仕事内容なので、あなたは30万円を受け取りながら、50万円分の仕事やそのレベルの業務をしていかなければならないのです。そうなると、**業務内容と時間、そしてお金のトライアングル・バランス**が崩れ、会社の運営は難しくなってしまいます。

そしてその知り合いの会社は、クライアント企業との仲介役を果たすだけで実務は特に何もしておらず、仕事を進めて時間も労力も費やしているのは職人の私、という悪循環に陥ってしまうのです。

お金のために、生きていくためにそのようなスパイラルに入らざるを得ない人もいるとは思いますが、この状態はあなた自身が会社の社長としてのアイデンティティを失うだけでなく、時間を費やす以上、あなたの会社に対するメリットが見出せず、会社自身が不健康になってしまうリスクが大きいので、避けたほうが無難です。

お金はとても大切ですが、精神的に辛い日々を過ごすために、あなたは独立をしたのではないはずです。それよりも、自由と時間のほうが大切だと思います。

（ただし、その業界における大手企業と協業する場合は、メリットを享受することもできるため、また別の次元です）

さてこの状態を避けるためのアドバイスは、契約書とお金の受け取りを、できれば紹介してくれた知り合いの会社ではなく、クライアント企業と直で行うことです。

そうすればあなたの会社はシンプルに直で仕事を請け負うことができるため、例えばほかの人に業務をお願いしたり、スタッフを雇ったりすることも可能ですし、変な気を遣ったり、人間関係の心配をすることなく、**自分流、自分自身のやり方で、責任を持って仕事をしていくことができます。**

しかし、もし直接の契約が難しい状況であるならば（多くは難しいケースです）、**請け負う仕事の内容を理《り》路《ろ》整《せい》然《ぜん》と再分化し、「この金額でこの仕事だけをします。この部分の仕事を請け負います」と業務の細分化を行い、それを明確にしていくことで、ある程度は前述したアイデンティティの崩壊を防ぐことができます。**

例えば、企業が運営するＳＮＳの投稿記事を作成していく仕事であれば、

- 月○○本の記事を作成・○日の○時までに提出
- レポートの提出はなし。ミーティングは月一回のみ（基本オンライン）
- これを○○万円（税別）で請け負う
- 請求書は毎月最終営業日に送り、翌月末に振り込み

と、明確かつ割り切った形で契約書（簡易版でも可）を作成して、その紹介してくれた方とやりとりをすることです。

この事務作業は、あなたの会社の生命線です。メールの返事のみで終わらすのではなく、必ず契約書にして署名を交わすことが大切です。

もし、そこまで至ることができない場合は、「現在、病気がある」「介護があるため時間を作ることができない」などとうまく理由をつけてしっかりと辞退することも大切なことです。**この嘘は、あなたの「身」や「会社」を守るための知恵で、重要かつ合理的です。**

それでも仕事を進めたいと思うのであれば、代金の延滞やオーバーワークなどが発生した場合にすぐ辞退できるよう、精神的に割り切って行ってください。そして、その場合には、**代金を回収してから仕事を切るタイミングを計算する**ことも重要です。

02

無料奉仕型の情報提供に要注意！

さて、現在取引のある会社やない会社、その規模の大小を問わず、

「ちょっと話を聞かせてくれ」

「いろいろと教えてほしい」

「この分野について知識がなく、分からないので教えてくれ」

などといった内容の連絡を受けることがたまにあります。

また、知り合いの会社との付き合いで、簡単な仕事やサポートをしてあげたり、アドバイスをしてあげたりと、思いのほか時間や労力を費やしてしまうこともあります。

このような無料奉仕には、特に注意が必要です。

例えば、私がよく経験するのは、

「弊社では、今こんな企画を考えているのだが、広報的にはどんなことができるかお話を伺えないか？（仕事をお願いする可能性もあるかもよ）」

「この企画の仕事をお願いするとしたら、どんなことができるだろうか？　大体の内容と予算感を教えてくれないか？」

といったような連絡が来ることです。


知り合いということで、リップサービスをした形で資料を作成し、簡単ではあるけれども諸々のリサーチをしたり、準備をしたりしてミーティングを行います。

ミーティングはゆうに1時間を超え2時間に。

そして、

「今日はありがとう。また話が進んだら、あなたにお願いするね。また追って連絡をします」

という話をされてお別れしますが、その後は梨《なし》の礫《つぶて》。

これはつまり、私はただの良い人で、私が準備した資料や費やした時間は無に帰して、ただの無料奉仕、そして情報だけ抜き取られておしまいになったのです。

まさしく、時間と労力の浪費です。

このような連絡に対する嗅覚《きゅうかく》や対策方法は、経験を重ねると大体分かってくるようになります。もし既に取引がある会社（もしくは取引があった会社）で、過去にお金をいただいている会社であれば、ある程度、親切に行ってあげることで次の仕事に繋がることがあります。

その反対に、**一度も対価をいただいたことがないのにお願いばかりしてくる人や会社は、適当に対応して、ほどよく距離を取っていったほうが得策です。**

知り合いからの連絡で、付き合いで何かをやってあげるのであれば、**「よい意味で適当にサービスをしてあげる」ことで人間関係は継続できます。**

例えば、知っている範囲で、時間をかけずにかなりざっくりと教えてあげます。でも過剰サービスは避けるといった塩梅《あんばい》です。

また、もし相手が大手企業で、将来的に付き合ってみたい相手であれば、時間や労力を浪費することを理解し、お金にならないことを割り切った上でしっかりとサービスを提供します。

その代わり、作った資料はほかの何か違う機会にも転用して使うことでリスクヘッジを行います。そして、もしこの機会が大きく発展したらラッキー、でも関係がここで終わってしまってもOKと割り切る方法もあります。

ただその場合、お金に換算したら高い情報や希少性の高い情報などは、わざと資料に記載したり相手に無報酬で話したりせず、**「その部分に関しては、時期を改めてお話しします」などともったいぶっていくことが効果的です。**

最後に、「これはダシで使われているかも」「予算感などの情報を抜き取ることが見え隠れする」「この状況だと、時間の浪費になりそう」と感じられるような態度や雰囲気だったり、不安感や違和感が拭《ぬぐ》えない内容のものであれば、「今は時間がない」とはっきり断りましょう。

対応をしてあげたいと思っても、自分の時間配分も優先したい場合であれば、「念のため、来月以降であれば少し時間が取れます（ここは細かく明確に）」「いついつ以降であれば、サポートをしてあげることができます」などと、選択の余地を相手に与えてあげてください。

もし相手が本当にあなたと知り合いになりたい、仕事をしていきたいと思っているのであれば、それでもOKという返答になるし、もしくは後日改めてお願いの連絡をしてくるはずです。

あなたの会社の運営を行うのはあなた自身ですので、無料奉仕の情報出しにはくれぐれも注意してください。

03 親切心から派生する「ラチェット効果」に気をつけて！

お金をいただくためには、差別化されたオンリーワンと思われるようなサービスや、お客様が損をしていないと思ってくれるレベル以上のサービス（たとえ、見かけ倒しでも）を提供し、その結果としてお代をいただくのがビジネスを長く続けるための秘訣です。

しかし、受注ビジネスに関しては、それはあくまでも請負業務だということを絶えず意識しながら仕事をしていくことも大切だと思います。

クライアントに好かれたい気持ちが高まったり、仕事が途切れることを恐れるあまり、一方的に過剰なサービスを提供してしまうことが時としてあります。もちろん相手のためと思って、よかれの親切心から由来していくこともあるのですが、クライアントにはそう受け取ってもらえない場合もあるので注意が必要です。

問題は、その親切心が仇《あだ》になって過剰サービスがスタンダードになってしまい、さらに高レベルな業務が要求されるようになってしまうことです。

例えば、私の仕事である広報サポート業務の場合、クライアントのプレスリリースを作成した甲斐があって、たまたまそのニュースが日経新聞に大きく好意的に記事掲載されたことがあります。広報活動において、自らが作って発信したニュースが日経新聞にポジティブな内容で掲載されるというのは最高レベルの達成度です。

しかし、クライアント側にとっては、日経新聞に掲載されることが特別なこととして認識されず、しかもそれがスタンダードレベルの業務になってしまい、次回のニュース配信でも日経新聞の紙面、もしくは同等レベルの媒体に掲載されることが当然のように思われてしまったのです。そのニュースが世間の興味を惹《ひ》くような内容ではなく、誰も振り向かないような内容のネタだったとしても。

例えば、デザイナーであれば、ロゴの制作において3つのロゴを作ればよいものを、サービス精神や親切心で10個制作してあげたとします。しかも指示されたコンセプトにも忠実で、誰が見ても素晴らしいデザインのロゴを。

しかし結局は、過剰サービスをしたのにクライアントはそれに対して満足すらせず、逆にいろいろとダメ出しと細かい指示を出していき、さらに10個新しいロゴを制作する羽目になります。しかも、ロゴ3つ分だけの製作費で。

そうしてこのデザイナーは「安く使える人材」と思われてしまい、その案件が終了した後もことあるごとに、いろいろと理不尽《りふじん》な予算枠の仕事をお願いされてしまうのです。

このような傾向を**「ラチェット効果（Ratchet Effect）」**と言います。もともとは経済用語で「所得が減少しても消費はその後も減らず、それまでの消費水準を維持しようとする」という意味です。

この言葉は、マーケティング用語（造語）でも使われることがあり、その場合は、「結果が良いと評価基準が上げられ、いったんそうなると結果が悪くなっても評価基準が下がらない」という意味になります。つまり、**いったん高業績をあげてしまうと、次からはそれ以上の、よりハードルの高いノルマを課せられてしまう現象から作られた用語です。**

この傾向が起きてしまうと、ちょっと厄介です。予算はそのままなのに、業務だけが増えて精神的にも疲弊《ひへい》しやすくなるし、クライアントからは安い外注先（ただの労働者）扱いされるリスクが高まってしまいます。

私たちはプロですので、請負の仕事は請負の仕事として構え、「求められていないのに無駄なサービスを提供すること」はしないように心がけましょう。**サービス精神は、時にリスクにもなります。そして専門的な知見やクリエイティブな面は一気にすべてを提供せず、小出しにして価値を高めていくことで、プロとしての立ち位置を見出すことを心がけてください。**

もし先ほどのような状況があることに気づいたら、それは「ラチェット効果」だと思い出すようにしてください。自分で認識できるようになれば、以後は注意するように習慣付けることができ、リスクを最小に抑えることができます。

社長は商品です。自分の安売りには気をつけてくださいね。

04
会社の運営と社会貢献は分けて考える

一部上場企業や、誰もが知っているような企業の出身者に多いと感じるのですが、起業をしてまだ会社がヨチヨチ歩きの段階なのに、社会貢献ができる企業であるべきとの大義名分のもと、「弊社も気持ち程度ではありますが、○○へ寄付をさせていただきました」などと積極的に寄付活動をされる社長がいらっしゃいます。

あるいは、CSR（企業の社会的貢献）の一環として、NPO法人の会員になってボランティア活動に積極的に参加したり、SDGsのセミナーに通ってそこで出会った人たちとつるんだりと、やたら会社運営外の活動に精を出してしまう方もいます。

社会へ貢献することはとても素晴らしいことですし、世の中の市民活動はボランティアで成り立っている側面もありますので、無理のない範囲でボランティア活動をすることはとても意義のあることだと私も思います。

しかも自分の心身の安定にも効果的です。

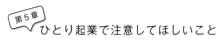

しかし、自分の法人を立ち上げたからには、**会社運営によって利益をきちんと出していくこと、稼ぐこと、そして生み出した利益から税金をしっかり支払っていくことこそ（節税や控除はしっかりと管理しつつも）法人格としての社会貢献になるのではないでしょうか。**

社会貢献活動に傾倒してしまって本業が疎かになってしまうようでは本末転倒ですし、法人とは名ばかりとなり、経営自体が危うくなってしまいます。これは協会や委員会などと称する活動も同様です。

会社の運営と自身の社会貢献は分けて考えるという姿勢が、ひとり会社の経営には大切です。

会社の業務とは分けて、余裕のある程度にボランティア活動をする、寄付は会社の資金ではなく自分の報酬の中からにする、会社の利益が多く出た時にはその一部の利益を寄付として還元するといった枠組みをきちんと規定しておけば、社外活動によって会社自体が翻弄《ほんろう》されてしまうリスクを減らすことができます。

会社と社会貢献をシームレスに繋げていくという点においては、例えば女性用のアイテムを製造販売しているのであれば、社員・パートタイム・外注など形態を問わず、シングルマザーの方を優先的に雇用する、子育て中のママを雇用することができます。

さらにちょっとした雑務であれば、行政が管理運営をしているシルバー人材にお願いをしたり、障がいのある人に手伝ってもらうことなども可能ですし、インターンとして若い学生をパートタイムで雇うことも考えることができます。

近年は障がいのある方、シニアの方や外国人など、マイノリティと呼ばれる人たちを積極的に雇用する会社もあります。このような形の社会貢献であれば、会社として利益を出していく活動にも沿っていますし、しっかりと社会に貢献することができます。さらに会社のイメージを向上させることもできて一石三鳥です。

そしてその場合には行政からの助成金もあったりしますので、ぜひチェックしてみてください。

年収が固定されている会社員と違って、ひとり会社はいくらでも稼ぐことができるのです。**まず会社としてしっかりと利益を出していく、すなわち健全な形で大いに儲《もう》けていくこと。この基本姿勢は決して忘れないようにしたいものです。**

第５章のポイント

請負業務は、ラチェット効果に気をつけて！

コラム

自転車で気持ちのリセット

私は自転車をオフィスに置いています。30分ぐらいの距離なら、自転車で向かいます。走っていると、路地裏に新しいお店を発見したり、普段とはまた違った街の姿を垣間見ることができます。新緑の季節にはちょっと遠くの公園まで走り、芝生の上でランチなんてことも。交通費の節約や運動にもなりますし、頭の中を色々整理することができて気分爽快に。私のひとり起業ライフでは必須アイテムです。なお、日曜祝日のみではありますが、皇居周辺がサイクリングコース（パレスサイクリングロード）として一般開放されているのをご存知でしょうか？皇居周辺を自転車で走るのは爽快です。くれぐれも安全運転でお願いしますね（一般財団法人自転車産業振興協会のHPをご確認ください）。

第6章

不安や心配ごとに対する処方箋（メンタル編）

01
悩みやトラブル、心配ごとがあった時は大局的に考える

会社運営には、悩みやトラブルがつきものです。特にお金の問題はその中でも生命線にあたるもの。例えば、

- キャッシュフローが心配になってきた
- 契約書が交わされていないまま、仕事が始まってしまった（これはよくあります）
- 請求書を出したのに振り込みがまだない
- 毎日記帳しているが、クライアントからきちんと振り込まれるのかとても不安
- 振り込み催促の連絡をすべきか
- クライアントから値下げをしてくれと言われた

- スタッフや外注先にお金を払えるだろうか
- 海外からの送金がまだ到着しない
- 売り上げやお客が減った
- 人間不信に陥った
- この人との仕事はもうしたくない
- この事業を続けていて本当によいのか

などなど、不安が尽きることがありません。

そして、たまに実務的なトラブルまで発生します。

- 商品が破損した
- 思っていた内容と契約書の内容が違う
- サーバーに保存していた資料が消えた
- ＰＣが故障した
- 不動産屋や大家から半年後に退去してくれと言われた

- お客さんから苦情が寄せられた
- 輸出入での書類不備があった
- 荷物が届かない

など、こちらも小さなことから大きなことまで、不安や悩みをあげたらもうキリがありません。

あなたが会社員であれば発生しないような問題もあるし、そもそも会社員であれば、問題があっても同僚や上司と相談をして、最終的には会社が責任を持ってくれる場合もあるでしょう。

でも、ひとり起業であれば、**あなた自身が考えて解決をし、責任をとっていかなければなりません**。そんな時は、悩みや不安、トラブルからくる不安に押しつぶされそうになり、寝ても覚めてもそればっかり。生活や健康にも影響してしまいます。

そんな時は、ものごとへの考え方や立ち位置を大きく構えていくことで不安を和らげることができます。**「大局《たいきょく》的に考える」**という手法です。

ものごとへの考え方や立ち位置を大きく構えていくことで、現状を達観していくことができます。

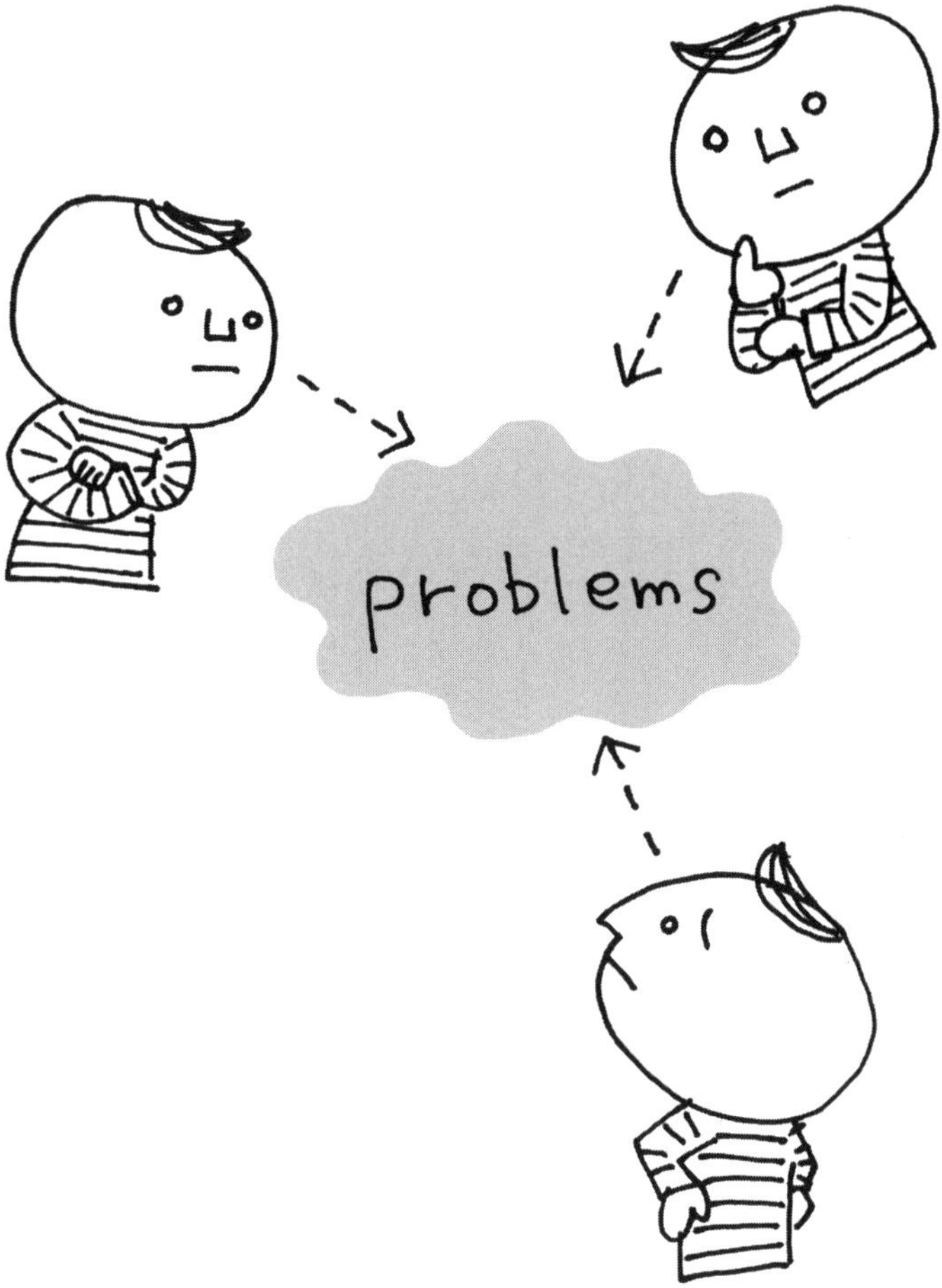

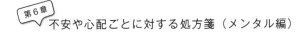

例えば、「今は、この問題やトラブルと戦っていて不安でいっぱいだが、1ヶ月後、もしくは1年後には物理的にすべて解決しているはずであり、その時になったらもう過去のこととなって、今の悩みなど忘れているはずだ」と、**今そこにある、課題に対する思考回路を長期的な視野で構えるのです。**

そうすると不安が少し和らぎ、「今現在を粛々と対処していこうじゃないか」と、ものごとを落ち着いて考えることができるようになります。

また「これはこれ、あれはあれ」と割り切って考えることや、「今は大変だけど、まあ何とかなるだろう」「殺されるわけではないのだから、時が解決するだろう」「この心配ごとは、どう転んでも年末には解決しているはずで、その時には無事年を越すことができるだろう」などと、**科学的な根拠がなくても自分自身に唱《とな》えて考え方を変えていくことで、精神状態を安定させることができるのです。**

少し訓練が必要ですが、絶大な効果がありますのでぜひ試してみてください。

同時に、仕事帰りに散歩をしたり、家族やペット、友人と過ごしたり、何か心に栄養を与えるようなこともしてみてください。

散歩であれば、普段の駅を使わずに1駅多く歩いてみる、帰りに公園に寄って歩いてみる、仕事帰りにちょっと知らない街を歩いてみる、街路樹のあるお気に入りの通りを歩いてみる、車であればちょっと遠くのスポットまでドライブして帰るなど、普段とは異なる行動をすることで、身体も心もリフレッシュさせることができます。

先ほどの大局的な考え方との相乗効果も相まって、不安でいっぱいな状態から、「やってやろうじゃないか！」というような堂々とした気持ちや勇気に変わっていくことでしょう。

悩みやトラブルがあった時には、ものごとを大局的に考えること。この思考で何とか難局を乗り越えて、颯爽《さっそう》と次のフェーズへ向かっていきましょう。

02

不安要素は代案を考えて対処

起業をして仕事をしていると、大なり小なり、いつも何かしら問題が起こっており、不安要素はつきものです。

それが平常運転ですので、**「心配ごとがあっても、それが普通なんだ」ぐらいに構えておくことが、起業生活を前に進めていくためには大切なことです。**

しかし、ただ不安がるだけでは視界不良な状態が続いてしまうので、何か心配ごとがあったら代案を考えて進んでいくと、気持ちがぐんと楽になります。

例えば、あるプロジェクトの仕事を、自分ではできないために知り合いのBさんにお願いしていたとします。納期が迫ってきたので、Bさんに進捗状況を聞きにメール連絡をしたところ返信はなし。心配になって電話をしても連絡はつかず。納期が迫る中、気持ちがどんどん焦ってきます。

もしかしたら病気で入院をしているのかもしれない。家族に何かあって仕事どころではないのかもしれない。お金を支払ってお願いをしている仕事なのに、連絡ぐらいくれてもいいのになぜ？　このような思考回路になってしまうと泥沼《どろぬま》に陥ることとなり、ほかのことをしていても納品が気になって集中できなくなってしまいます。

このような不安は何をしても起こり得ることですので、**常に頭の中で代案を考えて構えるようにしたいものです。そうすると気持ちが落ち着いてきて、冷静に対処することができます。**

まず、待っても待ってもBさんから連絡がこない場合、仕事仲間のCさんにお願いすることを想定します。

「信頼があってフレンドリーな彼なら、おそらく緊急事態でもこの仕事を1日で解決してくれるはず。その代わり、予算は多めに付けよう。そして、それを決断する日は来週火曜日の午後5時に設定しよう」

「もし、Cさんがダメだった場合は、ネット上で仕事を頼むことができるココナラで見つけたDさんに打診をしてみよう」
「同じ業務のカテゴリーでEさんという人も見つけた。プロフィールと評価を見る限り、よさそうだ。念のため、Eさんにも目星を付けておこう」

このような考え方で代案を作り、事前に想定しておくことによって、仕事上のリスクヘッジができます。そして、**いったん想定案を頭の中で意識をしておくと気持ちが落ち着きます。**

その後Bさんから連絡が来て、お願いしていたものが無事に納品されたとしても、納期を鑑みてEさんのプランまで作っておいたことは決して無駄にはなりません。

これは、「大雪に備えて車をスタッドレスタイヤに変えたけど、結局大雪は降らず。でも結果オーライで備えあれば憂《うれ》いなし」という考え方と同じです。

その時には無駄に思えても、代案を用意をしていたほうが、ただ不安になって日々を過ごすより安心ですし、何も問題が起こらなければそれでよし。もし本当に危機的な状態になった場合でも、慌てず解決へ向けて対応していくことができます。

起業後は、物理的に解決できないような不安要素、常識では考えられないような出来事というのは日常茶飯事《さはんじ》で、それらひとつひとつにクヨクヨ悩んでいたら身が持ちませんし、前に進むことすら難しくなってしまいます。

ざっくりとでよいので、**念のために最悪のことも想定し、考えられる代わりの案を想定しておくだけで、もしくはそのような思考のクセを付けておくだけで、不安要素のあるものごとも冷静に、理性的かつ確実に前へ動いていくことができます。**

03

大変な時は淡々とやるべきことを進める。ゲームプレイと考える

先ほど述べたような悩みやトラブルもそうなのですが、

- いろいろやることがありすぎて心配だ
- 仕事のせいで緊張する
- 心配や不安感が消えない
- いつもソワソワする

などといった、少しマイナスな精神状況に追いやられることもたまにあります。稀に何かへの不満や、他人や自分への怒りなども。そのような精神状態になってくると、

今やるべき仕事、やらないとならない仕事に集中することができなくなってしまうことがあります。

そのような精神状態になった場合は、**「淡々と、今やるべきことを進めていく」**という技量・技術を身につけると嫌な状況を打開していくことができます。**不安定な精神状態を無理に抑え込むようなことはせず、むしろ何事にもあまり深く考えず、目の前のやるべき仕事だけに集中して淡々と無感情で、今やるべきことを進めていくのです。**

そのような時の仕事としては、経理の打ち込み、Excelの表作り・計算、あまり複雑ではない資料の作成、ラベル貼りや仕分け、梱包作業といったシンプルな作業が適しています。

このような「面倒だな」と思われるような仕事内容でも、とにかくその業務に淡々と集中していくことです。そうこうしていくうちに、精神状態は少しずつ落ち着き始め、ついでにやるべき面倒な仕事も終わっているという一石二鳥の状態に辿り着くことができます。

精神状態が落ち着かない時は、何を考えてもあまりうまい解決には結びつかないものですし、考えすぎてもマイナス的な思考回路に陥ってしまいがちです。

そういう時は逆にチャンスだと考え、やらないとならないシンプルな仕事を真っ先に進めてしまいましょう。

ひとり会社は、自分ですべてに対応していかなければなりません。**不安定な精神状態はなるべく最小限に抑えて、物理的な手法でものごとを前に進めていくことが、会社をうまくマネジメントさせていく秘訣の1つです。**

そして精神的に辛い時や泣きそうな時は、**「今、自分はゲームをプレイしているのだ。自分はそのゲームの主人公なのだ」**と思う考え方が非常に効果的です。

ゲームは、楽しくてエキサイティングな部分がある一方、途中で失敗に気づいても、非常に辛い状況だったとしても、その過程も思い切り楽しんでしまおうという思考が芽生えます。そうなったらしめたもの。

ゲームを楽しむ余裕や感覚が自分の中に生まれれば、あとはゲームの操縦のみ。バランスよく操作をしていけばよいわけです。

自分はゲームをプレイしているのです。自分はそのゲームの主人公なのです。そう考えるだけで、悩みや大変なことすらも楽しむことができるようになります。

辛い状況は、逆に楽しんでみるほうが最終的にポジティブで良い結果になっていく可能性が多いように感じます。そしてゲームを頑張ったら、後から好結果がついてくるはずなのです。

大変な時こそ淡々と前に進み、そしてゲームを楽しんでいるのだという感覚を持つこと。どうか忘れないようにしてください。絶対に助けになるはずです。

04

心配ごとには文字起こしが効果的。少しずつ前進して解決！

仕事の課題とともに、社会保険の手続きの仕方だったり、経理の仕訳、税務上の課題、粗大ゴミの捨て方、サーバー設定方法、サイトのSSL設定、ドメインアドレスの設定、ネット回線の繋ぎ方、コピー機やＩＴ機器の設定など、ひとり起業では常に悩みや分からないことだらけ。そして、自分で解決をしていかなければなりません。

さらに、このような細かいことは誰も教えてくれないので、その分からないこと自体にもストレスを感じてしまいます。

このストレスは、私たちの起業生活へダイレクトに影響してくるため結構厄介、クセモノです。


このような分からないことに対する私の解決法は、近々に解決しないとならない悩みや分からないことを手帳や紙、ホワイトボードに書いて、**何を解決しないとならないのか、何をいつまでにどう終わらせるのかを分かりやすく整理をし、目視できるようにすることです。**

例えば、こんな感じで手帳にメモを取り、それに対する具体的なアクションを明記します。

5月の課題・仕事編

- ◯◯社からの未入金（◯日まで待つ。その後佐藤さんへメール確認）
- ◯◯企画の予算編成再確認（◯日に鈴木さんへメール確認）
- ◯◯社への契約書作成（◯日までにドラフト作成、◯日に確認作業、◯日に提出）

5月の課題・アドミ編

- サーバーに接続できない問題（◯日の週にカスタマーセンターへ連絡。◯日までに解決予定）
- サイトのバグを修正（◯日の週に自力でやってみる。解決できない場合は◯日にデザイナーの井上さんへメール連絡。予算◯◯万円でOKかメールで確認。◯日までに解決予定）
- コピー機の故障（◯日にコールセンターに連絡）

このように項目を記載し、それに対してどうアクションを取っていくか、そのステップも記載していきます。そして1つのアクションが終わったら線を引きます。

こうすることによって、**まず何が問題か、どう解決していくかが可視化でき、気持ちが落ち着き、ストレス度合いが下がるのです。そして一歩ずつでも前進すればそれだけ解決に近くなるのです。**

悩みや分からないことはまず書いて整理し、少しずつできることから進めて解決していくという流れを取ってみてください。

05

会社員は嫌なら転職しちゃえばよいけれど――自分で転機を作る

会社員であれば、その仕事が嫌だと感じたり、会社が合わないなと感じたら転職をするという選択技があります。

仕事が辛くて、心身ともに限界を感じていたとしても、転職すれば、ある意味すべてをリセットすることが可能だし、キャリアチェンジによって人生の裾野《すその》が広がり、さらなるキャリアや年棒アップに結びつく人もいることでしょう。

合法的にその場の環境から抜け出すことが可能なわけです。

しかも、会社員の場合は雇用保険に加入しているため、自分都合で退職したとしても、次の居場所探しを頑張っていれば、ある程度の支度金も振り込まれます。

もちろんその間は少し休養を取ることもできますし、転職が決まれば心身の限界は過去のものとなり、清々しくリフレッシュ・スタートを切り、新たな人生へ歩んでいくことができるのです。これは雇われている者の特権だと思います。

ちなみに私が会社員だった頃は、次の転職先が決まった時には海外旅行に行き、リフレッシュをしたことがありました。

会社の経営を始めれば、当然このような**リセットオプションはなくなります**。仕事で心身に限界を感じても、会社を閉じるという究極の選択をしない限り、常に自分の会社を前へ動かしていかなければなりませんし、利益を追求していかなければなりません。正直、かなり疲れます。

また、経営者は雇用保険に加入することができませんので、会社を解散させない限り、気軽に小休止やリセットをすることができないのです。私はこの点に関しては、起業することのデメリットであると感じています。

しかしながら、人間は誰でもリセットをすることや方向転換をしていくことが必要な時というものがあります。もちろん起業を果たすということはその1つなのですが、問題はその先です。

私は飽き性なところもあるため、よく会社設立16期目を迎えたなと、逆に自分に感心しました。しかし、過去を客観的に振り返ってみれば、会社を運営しながらも実はいろいろな変化を遂げてきており、同じ毎日を過ごしてきたわけではないことが分かります。

小さな変化を続けてきたから、会社をここまで継続させることができたのだろうと思うのです。

さてそれでは、具体的にどのようなことを実践してきたのでしょうか？　会社員の時のようなリセット感覚を、起業後も体験するにはどうしたらよいのでしょうか？　そのヒントをお教えしたいと思います。

私の場合は、**仕事のポートフォリオの組み替えを定期的に行ってきました**。

まず本業として看板を掲げている広報コンサルティング部門は、数社を除けば数年ごとにクライアントが変わりました。

コンサルティング契約は永遠に継続されていくことはあり得ません。例えば、相手が大企業の場合、弊社のようなPR会社との契約は、癒着《ゆちゃく》を避けるために数年おきに会社を変えていかないとならない会社もありますし、どんなに頑張って相手に貢献しても、相手のビジネスや経済状況が変われば契約がなくなってしまいます。

そしてその時、仕事で繋がっていた人間関係というのは、毎日のように電話で話す関係であったとしても、基本的に**すべては一期一会《いちごいちえ》**なのだなとつくづく肌で感じました。

このような不可抗力であれば、**その一期一会の出会いや別れといったものを、思う存分楽しんでしまえばよいと思います**。一期一会の関係だとしても、人との出会いを通して学ぶことは数多くあるのです。

反対に自分からクライアントを変えたこともあります。相手の会社と引き続き仕事をしていくことへの限界を感じ、自分からキャンセル、契約の破棄を申し出たというものです。会社員も同じですが、自身の会社の経営も、**まず社長である自分自身が幸せでなければ、現在進行形の環境を続けていくことはできません**。

このように、**大きな専門分野は変えずに仕事内容の組み替えをしていくことが、ポートフォリオの組み替えです**。相手が変われば自身が置かれる環境も変わります。

もちろんずっと長い関係を築くことができるのに越したことはありませんが、この組み替えが定期的にあることで、仕事に飽きることなく、会社としての専門性を維持しながら刺激や覇気《はき》が生まれ、業務が活性化します。

さらに私の会社の場合は一時期、大手PR会社と提携をして、その会社の名刺も持って、その会社が契約しているクライアントのサポートもしていました。

次第に信頼を得て頼りにされ始め、一緒に渉外活動を行なって新規クライアントを得たこともありました。

先方の社員としてではなく、会社経営の立場から大手企業の一員となって一緒に仕事をしていくWin-Winの関係。この形態も、自身の会社運営を飽きさせないためにはとても効果的かつ刺激的でした。

起業7年目には別部門を作り、まったく違う境地であった小売業も始めました。

広報コンサルティング部門で得た貯金を使って、限度額を決めて始めたのですが、次はどんな商品を売ろうかと企画をしていく中、今までの専門性とはまったく違った人たちに出会うことができ、人脈のネットワークが右へ左へと広がっていきました。

起業をしたら、定期的に仕事ポートフォリオの組み替えをしてアップデート。変化をし続けることが大切です。

専門のコアビジネスとは別に、それ以外のビジネスを小さく切り開いていくことは、新たな業界を体験することもでき、フレッシュな気分を味わうことができます。これは会社員が体験できる、転職をした時のような気分と同様のリフレッシュ感です。

このように、自身の会社運営を続ける中でも変化を作っていくことは可能で、自由自在に会社を操縦していくことができるわけです。これも、会社員では絶対に体験することができない、起業した者だけが味わえる感覚だと思います。

06 パワースポットの紹介

パワースポットへの訪問というのは個々の気持ちの問題であり、正直、縁起担《えんぎかつ》ぎですが、大変な時だったり、心配ごとや不安がある時にパワースポットと言われるような場所に立つと、心が浄化され、新しいパワーが湧いてくるような気持ちになり、悶々《もんもん》とした気持ちが晴れ晴れとしていくような感触があります。

自己満足だとしても、気晴らしになって心がリセットできれば、「また頑張ろう！」という気持ちが芽生えるので、私はたまに行きます。

ここでは、起業した方々におすすめしたいパワースポットをいくつかご紹介したいと思います。

▼おおすすめパワースポット（神社仏閣系）

●増上寺と徳川家霊廟（有料） ［最寄り駅］都営三田線・芝公園駅、都営大江戸線・赤羽橋駅、都営大江戸線/都営浅草線・大門駅、JR・浜松町駅	
境内安国殿の奥には徳川将軍家墓所（徳川家霊廟）があり、2代秀忠、5代将軍兄弟の綱重、6代家宣、7代家継、9代家重、12代家慶、14代家茂などが眠っています。休館日があるので事前に確認してから訪問してください。	
●ザ・プリンスパークタワー東京前の芝生広場と芝東照宮 ［最寄り駅］都営三田線・芝公園駅、都営大江戸線・赤羽橋駅、都営大江戸線/都営浅草線・大門駅	
わかりにくい場所にあるため知らない人が多いのですが、ここは誰でも入ることができます。この芝生広場から見る東京タワーは圧巻です。芝生は寝転ぶこともできるので、心をリラックスさせたい時には特におすすめの場所です。実はこの場所、空襲までは徳川家霊廟があった場所で強力なパワースポットなのです。そしてここまで来たら、近くの芝東照宮に立ち寄るとよいと思います。とても地味な場所にありますが、ここは江戸幕府を開いた徳川家康公を御祭神とする神社で、元和3年（1617年）に増上寺の安国殿として創建されました。勝運の神様として讃えられています。そして同じ敷地内にあるご神木（イチョウの大木）は、幹周6.5m、樹高21.5m、推定樹齢350年以上で、戦前は国の天然記念物でした。第二次大戦の空襲で神社の本殿などは焼失しましたが、イチョウは生き残りました。長い年月の積み重ねとその威容に強い生命力を感じます。現在は東京都の天然記念物です。	
●愛宕神社 ［最寄り駅］都営三田線・御成門駅、東京メトロ日比谷線・虎ノ門ヒルズ駅	
ぜひ出世の石段を登ってみてください。愛宕山は標高25.7mあり、天然の山としては23区内で一番の高さです。石段を登り切った右手には、山の証である三角点があります。仕事運、出世運、商売繁盛にご利益のある神社として有名です。エレベーターもあるため、足に不安がある方でも安心して参拝することができます。境内には風光明媚な池と弁財天社があり、ここで祈願した武将が神様の加護により、戦を鎮めたという言い伝えもあります。因みに余談ですが、まだ小さな会社だった創業期の楽天は、愛宕神社の真横にある小さなオフィスビルに事務所を構えていました。今でも三木谷浩史さんが毎年初詣に来ている神社です。	

●朝日稲荷神社 ［最寄り駅］東京メトロ銀座線/日比谷線・銀座駅
銀座は昔から晴れの場所。銀座三越のライオン前に立つと、多くの人々からポジティブなパワーも貰えるような気がします。歩く人々から鋭気をもらった後はぜひ朝日稲荷神社へ。ここは古来より商業の神として鎮座しています。この神社がユニークなのは、ビルの1～2階が吹抜けの拝殿で、本殿はなんとエレベーターを登った屋上に安置されているということです。しかも拝殿と本殿がパイプで繋がっていて、互いが空気の流れで繋がっています。銀座は昔から商売の街ですが、このような強力なパワースポットが鎮座していることも関係しているのかもしれません。
●三輪神社 ［最寄り駅］東京メトロ銀座線/日比谷線・銀座駅
ギンザコマツ西館の屋上にある三輪神社は天空神社とも呼ばれています。鳥居には、伊勢の遷宮にも使用される樹齢300年になる御嶽山の木曽檜（ヒノキ）が用いられているそうです。本社は奈良県にある大神神社（おおみわじんじゃ）で三輪山（みわやま）を神体山としています。この屋上の神社には芝生が敷き詰められていてまさに都会のオアシス。静かでほとんど人がいないので、ベンチに座ってぼんやりするのにもお勧めのスポットです。
●烏森神社 ［最寄り駅］東京メトロ銀座線/都営浅草線/JR・新橋駅
新橋駅前から小道に入ったところにある非常に活気のある神社です。商売繁盛、運気上昇、必勝祈願、無病息災（ガン封じ）に加え、芸能の神である天細女命が祀られており、技芸上達に御利益があるそうです。近隣の飲食店の方や、銀座のホステスさんが出勤前に立ち寄ったりする姿をよく見かけます。とても雰囲気のある神社です。

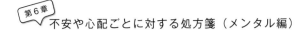

▼おおすめパワースポット（自然その他系）

●自然教育園（有料） ［最寄り駅］JR・目黒駅、東急目黒線・目黒駅、東京メトロ南北線/都営三田線・白金台駅
国立科学博物館附属の自然緑地で、20万㎡の広い園内を自然散策することができます。東京とは思えない森の中をリラックスしながら歩いていると、心配ごとが吹き飛び、やる気がどんどんアップしていきます。
●後楽園（有料） ［最寄り駅］JR・水道橋駅/飯田橋駅、東京メトロ丸ノ内線/南北線・後楽園駅、都営三田線・水道橋駅
水戸黄門様でお馴染みの水戸光圀に縁の深い都立庭園。水と植物が配置された園内を散策していると次第に迷いが晴れ、すっきりとした気分になるはずです。
●小石川植物園（有料） ［最寄り駅］都営三田線・白山駅、東京メトロ丸の内線・茗荷谷駅/後楽園駅
江戸幕府によって開園された小石川御薬園が前身の日本最古の植物園で、東京大学の施設になっています。とにかく静か。気持ちを静めたい時に植物に触れていると、心が落ち着いてきます。
●竹芝埠頭 ［最寄り駅］JR・浜松町駅、都営大江戸線・大門駅
水辺は邪気や心を浄化してくれるような気持ちになります。伊豆・小笠原諸島への玄関口、旅客船ターミナルなのに浜松町駅からも歩いてすぐ。それなのに、案外この場所を知らない人が多いです。桟橋や埠頭に佇んでいるだけで、自然とやる気パワーが漲ってきます。ムードがある場所なので夕方や夜に行って、映画のワンシーンのように黄昏れてみるのもお勧めです。

私のオフィスがある東京の都心部ばかりで恐縮ですが、どこも電車や地下鉄で簡単に行ける場所ばかりですので、東京を訪れる機会があればぜひ訪問してみてください。

また、あなたもぜひ自分だけのお気に入りのパワースポットを見つけてみてください。

なお、きちんと自分に向き合っていくための活動ですので、家族や友達、知人と行くのではなく、ひとりで行くのがよいと思います。

第6章のポイント

心配ごとは大局的に。

辛い時にはゲームの操縦を意識して！

コラム

5,000円以内の飲食は会議費

仕事で必要な顧客との飲食ですが、一人あたり5,000円以内であれば会議費として計上でき、税務上経費の対象となります。ただし、支出先が社外の者であること、そして領収書とともに、相手先の会社名・氏名・人数・こちら側の氏名・人数の記録が必須です。忘れないように領収書に書いておきましょう。しかし昨今は、夜の会食だとあっという間に5,000円を上回ってしまうことも。であれば早めに仕事を切り上げて、ハッピーアワーのあるお店へ行くのがおすすめ！　人も少なく、何よりお買い得なので満足感がアップします。また、一人でカフェで仕事をした場合も会議費として計上します。ただし一人で摂る食事については、経費計上ができない支出とみなされますので注意が必要です。くれぐれも経費の使い過ぎには注意してください。

第7章

人間関係と孤独への対処法（メンタル編）

01

見切り千両！嫌な仕事はバッサリと切る！

独立すると、時にどうしても理不尽かつ嫌な仕事が舞い込んでくることがあります。知人や友人からの紹介や、頼まれたりして取引を始めたクライアントだったり、想定外に自分の価値観と反するような業務内容だったり、はたまたひとり会社としての弱い立場を悪用されて、何でもかんでも一方的に業務を押し付けられたり。

会社員時代もいろいろな悩みはありましたが、起業後も形を変えてそれらは常にやってきます。

会社員だったら、一生懸命に転職活動をして新しい新境地を見つけることができますし、信頼のおける同僚に愚痴をこぼすこともできます。また日曜日の夕方に憂鬱になったとしても、とにもかくにも給料は毎月入ってきて生活は保証されます。
しかし、経営者は違います。**自分の判断で、状況を解決させていく以外に道はありません。**

前に述べたように私は知人からの紹介で、とあるクライアントの仕事（広報・マーケティング活動のサポート）をしたのですが、知人の会社がクライアント企業の取引先（受注先）となり、私の会社がいわゆる孫請けとなるビジネス構造でした。

渉外活動から一緒に始め、企画書を作成してプレゼン、取引が始まった後には膨大な量の仕事を任され、それだけに時間と労力を取られてしまう毎日で、クライアントからは容赦なくダメ出しが入りました。

（仕事は、SNSの管理、SNS記事の作成、競合リサーチ、プレスリリース、メディアリレーション、イベント企画と運営、記事検索、週一・月一の報告書など）

そのクライアントは誰もが知っている有名企業でしたが、一方ではいわゆるブラック企業の側面もあり、零細企業である私の弱い立場を利用して、上から目線でいろいろなことを要求して、こき使おうとしてきました。

実際のところ、マーケティング活動というのは終わりが見えない業務の連続で、やろうと思えば永遠に仕事がやってくるのです。

私はストレスを抱える毎日で、少しずつ疲弊していき、時間的にも精神的にもほかの仕事ができなくなってしまい、それでも妙な責任感からか言われるがままに仕事をしていました。

ブラック企業に勤める会社員の方と相違がないような状況で、起業した意味をそこに見出すことはできませんでした。


そしてそれ以上に最悪だったのは、クライアント企業から入ってくる活動費から、知人の会社がかなりの金額を中抜きして私の会社に支払っていたことが分かった時でした。知人の会社は実務をほとんどやらないため、私の業務量、労力、そして費用のバランスがまったく合わなかったのです。


そこで私は、自分自身の人の良さや責任感の強さ、我慢強さが仇となってしまい、ただうまく利用されているだけだ、とはじめて気がついたのです。

実は、これは日本人の性格によく見られる問題でもあり、文化や社会構造的な側面もあると思います。そして私は、はじめてキレたのです。

私は、まず最低限やらなければいけない業務をし、その月の請求書を出した時点でうまく仕事とタイミングを周到《しゅうとう》に見計らいながら、その知人の会社と交わした簡単な契約書を確認し、最終日の月日を設定して辞退する連絡をメールで送りました。最終月の振り込みはもう入って来なくてもよいという覚悟でした。

後は相手がどう被害を被ろうが、仕事が途中で止まろうが一切無視です。

何か行動を起こすと、必ず反対意見を述べてくる人たちもいますが、そのような人たちの意見も無視し、そしてその後一切の連絡をも断ち、その一連の人間関係の世界から消える覚悟をしたのです。

その結果、意外なことが待っていました。まず最終月のお金は支払われました。

そして、その仕事を失ったことで収益の損失はありましたが、逆に幸せになったと感じたのです。

「仕事をくれた人や会社に迷惑がかかる」ということを心配して気遣い、惰性で仕事を続けていた自分にではなく、**はじめて「NO！」を選択した自分に肯定感がもたらされたのです。**

囚われのない自由は創造的であり、明らかにプラスの空気感が出てきました。

そうです。今までの私は、起業してもいつも自分自身を犠牲にして働いてきました。これからはもっと自分のために生きて仕事をしよう、はじめてそう思えた瞬間でした。

これを「**見切り千両《せんりょう》**」と言います。相場の格言から来た用語で、含み損を抱えた株などに対して、損失の少ないうちに見切りをつけるという意味で、**損切りをすることは損には違いないが、それによって損失が少ないうちに大損が避けられるのであれば、それはそれで千両の価値があるという解釈となります。**

仕事を断るとなると、それまでに要した労力や時間、経費などを考えると複雑な気持ちになりがちですが、見切ることも会社経営にとっては大切なことです。

そして、見切る時は、しっかりと断ることが重要です。

起業後は給料の保証がないという環境下ですが、無理にマイナス的な仕事をして嫌な境《きょう》遇《ぐう》を味わい続けることは、絶対に避けたほうがよいと思います。

なぜならば、**社長自身がマイナスな境遇に陥ってしまったら、会社が前向きに動いてい**

くことができなくなるからです。しかも、社長自身の身体や心を病んでしまったら、代替えがききません。

嫌なことから逃げても人生は詰みません。あなたがいなくなったからって、クライアントは倒産すらしません。このことをぜひ肝に銘じておいてください。そして自身を肯定してください。

嫌なことから逃げたら、逃げる人生になり、結果的に道徳に反したことで、「自身の人生もこれで終了」なんて状況は絶対に起こりえません。多くの人たちは逃げても、何だかんだで普通に生きています。

あえて述べると、逃げることも正しい行動の1つで、時には社長自身が会社の経営のために行動を起こして、思い切った損切りの行動を取ることも必要だと思います。

さもなければ、相手はあなたの責任感をとことん利用して、ますますつけ上がっていくことでしょう。

あなたが大切にしなければならないのは、**「起業してあなた自身が幸せになること」**なのです。ですので、時には一歩踏み出し、思い切って逃げて、社長自身が生きやすい、働きやすい環境を徐々に開拓して作っていきましょう。

もし今嫌なことを抱えていたら、それが会社の成長や幸せに繋がっているか再確認をしてみてください。もしそうでなければその関係とは縁を切ることも考えましょう。

自身の行動が大切です。「見切り千両」という言葉をぜひお守り用語として覚えておいてください。きっと何かの役に立つはずです。

02 クライアントから馬鹿にされた時はどうすればよい？

過去のキャリアや経験を生かして会社員から独立して、ビジネスコンサルティング、Webデザイナー、コーチング、ファイナンシャルプランナーなど、主に受注ビジネスを基本として生業《なりわい》を立てている方は非常に多いと思います。

何よりも独立に際して大きな投資をしなくても事業を開始できるし、形態によってはPC一台、自宅ですべてを賄《まかな》っていくことも可能です。

この業態は、在庫や倉庫などを持つこともなく、身体1つでできること、そしてそれが空気のようなビジネスであることから**「エアービジネス」**とも呼ばれます。

クライアントがいくつかあれば生活が安定しますし、何よりも専門職としての色合いが強いビジネスになっていくことによって、それがまた引き金となってほかのクライアントを引き込むことができます。

ある種、今の時代に合った仕事の形だと私は思っています。

しかし、受注ビジネスは、お金を与える側、つまりクライアントの言いなりにならざるを得ない傾向が大いにあります。

例えば、とある企業のパンフレットの制作を請け負っているデザイナーや編集プロダクションの場合、どんなに時間をかけてかっこいいデザインや丁重な編集を施しても、それが却下されて、自分の価値観に反するようなデザインや編集に修正させられることや、強引に書き換えられてしまう場合もあります。

また、クライアント側がデザイナーや編集者に横柄《おうへい》で無礼な態度を取ってきたり、命令口調でメチャクチャな指示を出したりすることも往々としてあります。

しかも明日は週末で家族と一緒にお出かけをする予定だったのに、月曜日の午前10時までに納品というありえない指示出しも。その場合は、もちろんすべてを潰して週末も稼働しなければなりません。

このような仕事の状況で一番辛いのは、「クライアントからパートナーとしてではなく、下に見るような態度を取られること」や、「相手に敬意がなく、あからさまな形で見下されること」です。

中には、ミーティングの途中で「あ、それは全部〝業者さん〟にお願いして」などと平気で話す人もいます。もちろん、その業者さんとは、受け手である私たちのことです。大手だろうとなんだろうと、そういう人は一定数の割合でいます。とても悔しくて、やるせない気持ちになってしまいます。

私も何回もそのような経験をし、そのたびに帰りに黄昏《たそがれ》たり、自分は何をやっているのだろう、なぜあの時、会社員を辞めたのだろうなどと感傷的になったり、会社員時代がいかに恵まれていたのかを回顧したりしてメソメソしていました。それでは、何も解決しません。

しかし、解決する方法は、あるのです！

まずサバイバルをしていくにあたって一番大切なのは、あなた自身がその仕事を「割り切ること」です。つまり、あなたの仕事がクライアント企業のパンフレットを制作することであれば、その会社のパンフレットを制作すること、デザインや編集をすることにすべてを特化して集中していくことです。

「あ、それは全部〝業者さん〟にお願いして」と相手が話していても気にせずに、やるべき仕事だけに集中するのです。**プロなのですから、プロに徹して仕事を進めていきましょう。**

デザインや編集をするにあたって、プロ視点でのアドバイスはぜひ提供をしてください。もちろんそれを決めるのはクライアント側（発注側）です。あなたの価値観は参考程度に、実際の決定権はクライアント側です。あなたの意見が反映されなくても、「まあ世の中そんなもんだよな」と割り切りましょう。

横柄な態度や失礼な口答えをされても、決してあなたは怯《ひる》むことなく、平然と笑顔で、颯爽と躱《かわ》してください。フェイクな作り笑顔で十分です。これもプロとしてのツールです。しかも無料です。

横柄な態度や失礼な口答えをされても、怯むことなく、平然と笑顔で颯爽と！　これもプロとしてのツールなのです。

それでも落ち込んでしまうようだったら、あなたの周りに透明なバリアが張ってあり、その空間には誰も入って来ることができないあなただけの空間「**セーフゾーン**」を意識するようにしてみてください。

相手がいろいろ無礼なことを言ってきても、**そのセーフゾーンの中は常に平穏な空気が流れているような感覚です**。

これは少々鍛錬《たんれん》が必要ですが、かなり効き目があります。何よりも、あなた自身が強くなっていくのを肌で感じることでしょう。

何が起きても、明けない夜はありません。**そして割り切ることほど強いものはありません**。その結果、あなたはそのクライアントからお金をいただいているのです。

要は会社が回っているということ。プロフェッショナルとして仕事を続けていくためには、それが大切なことなのです。

でも、もしそれでも嫌だと思ったら、責任を持つことができる人材を探して、その人へ業務をお願いすることも考えてください。それで良い方向へ行くのであれば、あなたは管理者（マネジメント）になればよいのです。それでもうまくいかない場合は、思い切って関係を断つ決断をすることも考えましょう。

そんな試行錯誤の日々の繰り返しでも、その付き合い方に慣れてきて、結果何年も付き合い（仕事）が続いていくようであれば、それはそれで実は相性が良い証拠、つまりクライアントがあなたのプロフェッショナリズムを欲しているということなのです。

無理は禁物ですが、堂々と自信を持って、ひるまず割り切っていきましょう！ 眼には目を、歯には歯を。あなたもプロの仲間入りです！

割り切ることほど強いものはありません。セーフゾーンを意識すれば、自分を常に守ることができます。

03

多くなっていく「一期一会」の出会いと別れ

会社員時代には、転勤が決まった社員への壮行会《そうこう》、退職される方へのお別れ会、新入社員、部署変更、顧客との付き合いなど、いろいろな出会いや別れが多くあります。

また、普段決して出会うことのないような人との出会いや、その会社環境にいたからこそ出会うことができた人などもいるかもしれません。

起業をしてみると、それらとは違ったレイヤー（世界観）で、一期一会の出会いや別れが多くなっていくことに気づきました。しかも自分の仕事内容や案件、それらの仕事との関わり方が変化すると、付き合う人もなぜか変わっていくのです。

なぜか毎年自然といろいろな人と出会いますし、知人からの紹介で出会うというパターンも多かったりします。

知人からの紹介は、自分だけの力で発生するものではありません。その知人のパワーも注入されている貴重な機会ですので、紹介を受けたらぜひ一度は会うようにしてください。

知人から誰かを紹介された場合は、会った翌日にはお礼や感謝の手紙（ハガキ）を書くことも忘れずにしてください。今後の良好な関係に繋がっていくと思います。

メールでも良いのですが、何だか味気ないし、メールだと相手が返信をしなくてはならないため、この忙《せわ》しない社会だからこそ、一方通行で終わるハガキのほうが私は好きです。ちなみにカードや手紙ではなく、ハガキにする理由は、ハガキだと開封しなくても読めるからです。わざわざカードを入れたのに、開けずにそのまま放置されていたら意味がありません。もちろん好き嫌いがありますので、そこは各自のお好みでどうぞ。

もしどうしてもメールを送るのであれば、返信不要なことも一緒に伝えたいものです。ただシンプルに「返信不要です」は、かなりダイレクトで冷たい印象を醸し出してしまうため、より丁重な言葉として「（もし不備がないようでしたら）ご返信には及びません。」などの一言を添えるとよいでしょう。

思いやりのある少しの言葉で、人との出会いや関係はぐんと広がり、メンタルのクオリティが向上します。

ワクワクするような人と出会うと、会社の将来はきっと良くなると希望を持つことができ、根拠はないのですが、強い自信にも繋がっていきます。そうすると、ポジティブな感情がさらに大きくなっていくようです。そして、また新たに素敵な人との出会いや素晴らしい出来事も増え、何か良い流れに引き寄せられていくのです。

同時に、もう会わなくなってしまう人、会えなくなってしまう人も増えます。寂しいことではありますが、これも会社経営を続けていくための過程の1つ、自分が次のステージに進むための移行時期なのだと考えるようにしてください。

不思議なことですが、1つ手放すと、必ずきちんと1つ入ってきます。ひとり起業で仕事をしていると、ご縁の不思議さをよく感じます。

いただいたご縁を大切に、役目が終わり次に渡すものも、新しく始めることも。自分の会社でよかったと思っていただけるよう、心を尽くして仕事をしたいなと思います。

１つ手放すと、必ずきちんと何か１つ入ってきます。ひとり起業では、ご縁の不思議さをよく感じます。

04

孤独との付き合い方

会社員時代には毎朝、同僚と挨拶をしたり、部署の仲間と一緒にランチに出かけたり、取引先へ行く時は数人で出向いたりと、何かと人に囲まれた生活をしていた方が大多数かと思います。

また、何か問題や失敗があっても誰かがかばってくれたり、相談に応じてくれたりと、家族のような付き合いをしていた方もいるのではないでしょうか？

そんな環境から一転し、起業すると社員を雇わない限り、誰も挨拶をしてくれませんし、挨拶をする人すらいません。挨拶や雑談どころか、コピー機が壊れた、ネット接続がおかしいなどの問題が起こっても、誰も手伝ってくれる人すらいないのです。いるのは、あなただけです。

よく経営者は孤独と言いますが、そもそも起業家は立場上、誰にも相談できないことも多く、ひとりで乗り越えていかないとならないことばかり。自分を管理してくれる人もおらず、失敗しても自分で責任を負わなければなりません。

不安になりますし、孤独に浸るのが好きだったとしても、それでも人は誰でも基本的に寂しがり屋さんです。

でも、安心してください。起業当初は寂しくても、次第に寂しさという環境に慣れてきて、**ある種の免疫《めんえき》力**がつき始めます。

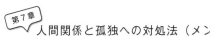

もちろん、会社員時代の付き合いがたまに懐かしくなることはありますが、起業後はそんなことに構っている暇《ひま》はありません。**確実に前を向いて進んでいれば、孤独感で苛《さいな》まれることはありません。**

仕事上でも新たな人とのご縁や知り合いができて、喋る人、会話をする人は徐々に増えていきます。そして、同じような立場の経営者の知り合いができた時には、そのご縁は大切にしていきましょう。

その時点で、現在も会社員の人たちと実際に起業を遂行したあなたとでは、価値観においてかなりの相違ができ始めています。

まず、毎月給料が自動的に振り込まれる会社員とは違って、起業をしたら自分で稼がないと生活をしていくことができません。会社員の人たちから悩みや愚痴を聞いていると、次第に非生産的なこととして、時間の無駄としか思えなくなる時もでてくることでしょう。そして、そのようなことは起業をした人にしか分からないものなのです。

今、「寂しさに慣れる」と言いましたが、**実は寂しさに慣れることと、孤独とは意味が異なります。問題となるのは寂しさより孤独との付き合い方です。**

あなたがひとり社長である場合、何かの拍子で孤独感がどっと押し寄せて、いてもたってもいられなくなってくることが不定期でやってきます。

それは、何か失敗をしてしまった時、事業がうまくいっていない時、取引先から叱られた時や理不尽な対応をされた時、信じていた人から裏切られた時、キャッシュフローが少なくなってきた時など、マイナスな状況になった時に登場しがちです。

そのような状況では時として、鬱《うつ》病やアレルギーを併発してしまうこともありますし、あなたの気持ちを理解してくれる人が周りにいない場合には、心身に支障をきたさないよう、本当に注意をしていかなければなりません。

私の一番のおすすめは、**歩くこと**です！

帰り道やランチなどでちょっと遠くまで行ってみるとか、普段とは違う街を歩いて散歩したり、道中で気になった店やカフェに入ってみたり、普段行かないようなエリアへ遠出してみたりすることです。

これは大金を使わずにできますし、有酸素運動にもなるのでおすすめです。**歩くことで頭も身体もスッキリして、今まで悩んでいたことが小さなことに思えてきたり、逆に新しいアイディアが生まれたりして抱えていた孤独感はどこへやら。一石二鳥です。**

また家族や子ども、仕事とは関係ない友人、ペットなどと一緒に時間を過ごすこともヒーリングとなります。私は犬がいるため、毎晩散歩をしながら犬に話しかけたり、愚痴をこぼしたり（当然、犬は私の言うことを理解していませんが（笑））。でも、そんな時間を常に持つことで、また明日を生きていく勇気をもらっています。

仕事をしながら、Youtube《ユーチューブ》やVoicy《ボイシー》などで、好きな有識者のトークを聞く方法も有意義です。新しい学びにもなりますし、内容に共感したりしているうちに、何だか孤独感が一斉に消えていくような気持ちにもなります。

また、料理をしてみたり、エクササイズやサウナ、読書をしたり、ゆっくりお茶を淹れたり、好きな音楽を聴いたりと、あなた自身のいろいろな工夫を毎日の仕事生活の隙間にぜひ取り入れてみてください。

これらの隙間時間の活動は、会社員の人たちが働いている時間帯にするのが良いと思います。孤独感を解消するのに、心身リフレッシュするのに、そして新しい創造を見出していくのにもってこいです。

05 会社員マインドと決別する時

起業をしてからも、会社員時代の元同僚や先輩後輩、会社勤めの友人や知人と会う機会は多いと思います。それは当たり前のことですし、応援をしてくれる人もいてとても力強いのですが、話を聞いているうちに「マイナスな空気」を感じさせる人が一定数の割合でいます。それは「仕事に対する愚痴が多い人」です。

「何々部長がね〜」といった部類の会社の内輪《うちわ》話、人間関係や年収が低いままなどの社内の愚痴、自分の仕事や人事異動に納得がいかない話、辛くて会社を辞めたいなどといった話を延々とし続けられると、話を聞いている時間がとても無駄に思えてきて、その人と別れた後に時間を損してしまったような、非生産的な気持ちに陥ってしまうのです。

また、私のほうから起業の話をしても興味がないか、それが嫌味《いやみ》に聞こえてしまうような人もチラホラ。もちろんそういう人たちだけではありませんが、**全体的にネガティブな内容の集まりには注意したほうがよいと思います。**

一体なぜそう感じてしまうのでしょうか。それは私たちが独立を果たしたことで、**既に私たちのメンタリティが「会社員（従業員）マインド」ではなく「経営者マインド」に変化しているからです。**

久しぶりに会社員時代の人と再会を果たすことは楽しいことではありますが、こちらの「空間」にまで悪影響を及ぼしてしまうような愚痴を聞くことに時間を注ぐのであれば、体力維持のために運動をしたり、美術館に行って新しい感性を磨いたり、知らない街を散歩をしてみたり、休憩を取ることのほうがよっぽど有効的かつポジティブです。

人と会うのであれば、相手が会社員の方であろうと誰であろうと、**何か新しい考えや価値観、そして社会や人生のヒントを与えてくれるような人たちから話を聞きたいものです。このような人たちと会うと、メンタルの度合いや幸福度は格段にレベルアップします。**

起業をしたら、内向きで会社員マインドの人たちとは付かず離れずで、ほどよい距離感を取ったほうが得策です。「愚痴を聞いてもらいたい」という友人知人は、会社に不満だらけだったとしても、勤めているその会社からきちんと毎月の給与が出ているのです。互いが勤務後の時間帯で、喫茶店で無駄話をしている時間であっても、会社員はペイロールが毎月回っており、給料日には自動的にお金が振り込まれます。

しかし、彼ら彼女らの愚痴を聞いている私たち起業家は、その時間でお金を生むことは決してありません。無料で愚痴を聞き、しかも貴重な時間と往復の交通費や飲食費という立派な経費もかかっているのです。

付き合いもありますが、可能な限りそのような状況をうまく回避し、**より創造的なことに時間を使ったほうがプラス**ですので、特に起業家特有の孤独感や寂しさが優ってしまいがちな方、人との付き合いに流されてしまう傾向が少しでもある方は、ぜひこのことを少し意識してみてください。

愚痴を話す人とも、付かず離れず的な距離感で上手に付き合いつつも、**マイナスよりプラスに時間を割くように、時間と労力を自分の会社運営と私生活に向けるように努力していくだけで、少しずつ自然と「経営者マインド」に近づいていくようになります。**

時間は有限です。私たちには愚痴を聞いている暇はありません。

06 時間がある時は自分を見直すチャンス

起業を果たすと、日々の忙しさに翻弄されて時間に追われる毎日ではありますが、慣れてくるとコツを掴んできて、忙しさの中にもゆとりが生まれてきます。

本業の仕事以外にもＰＣの設定、コピー機の修理といった雑務などやることは数多くあり、しかも分からないことだらけで大変だと思うことはありますが、そのような時はネット検索、もしくはカスタマーセンターに電話をして聞けば、大体はこなすことができます。

これはとても不思議なことなのですが、少しずつでも前進をしていくことで、最初は分からなかったことでも、なぜか前へ進んでいくことができるのです。

何かをこなす時には波長があるので、波に乗って一夜漬けのように「やっつけてしまう」

ことも時として大切です（スマホの機種変更のように、作業が終わったら忘れてしまって大丈夫です）。

そんな毎日でも、ふとしたモーメント、時間が生まれることがあります。**忙しさと忙しさの間に、突然空いた時間がふとやってくる**という感覚です。

これには、私なりの根拠や理由があります。会社員ですと、同僚とランチに行ったり、雑談をしたり、何かの研修を受けたり、長い社内会議があったりと、本業の仕事以外にもたくさんの業務やすべき活動があり、それらをこなしていくことで会社生活の全体像が成り立っていきます。

しかし、ひとり起業だとそのような活動はなく、必然的に本業の仕事と、会社運営のための雑務をこなしていくことが主な活動となります。だからこそ、やらなければならない仕事が片付いてしまうと、ふと自由で何もない、エンプティーな（空白の）時間が急にやってくるのです。

もちろん何かほかのことをしようとすれば、埋めることのできる時間なのですが、そういう時こそ、**自分を見直してみることが大切だと思っています。**

なぜなら、この貴重な空き時間は、会社員では絶対に味わうことができない、経営者だけが堪能《たんのう》できる特権「自分のための自由時間」、すなわち自分へのギフトだからです。

ジムに行って体をリフレッシュしてもいいし、モチベーションを上げるために買い物をしてもよいでしょう。私はそんな隙間の自由時間には、寺社仏閣に行ってみたり、普段行かない街に行き散歩を楽しんだりしています。

突然、東京タワーに行って大都会を上空から眺めてみたり、普段行かないようなエリアの喫茶店に立ち寄って、物思いに耽《ふけ》ったり、スケジュール表に今後の目標やプラスになっていくような自分の言葉を書き込んでみたりしています。

すると次第に頭と心がスッキリしてきて、**今まで大変だと思っていたことが小さく思えてきたり、少しずつでもやれば何とかなると思えてきたりして、モチベーションが上がったり、明日への、将来への勇気が湧いてきたりします。**

自分を見直してみることはとても大切です。積極的にリセットしましょう。それは自分へのギフトなんです。

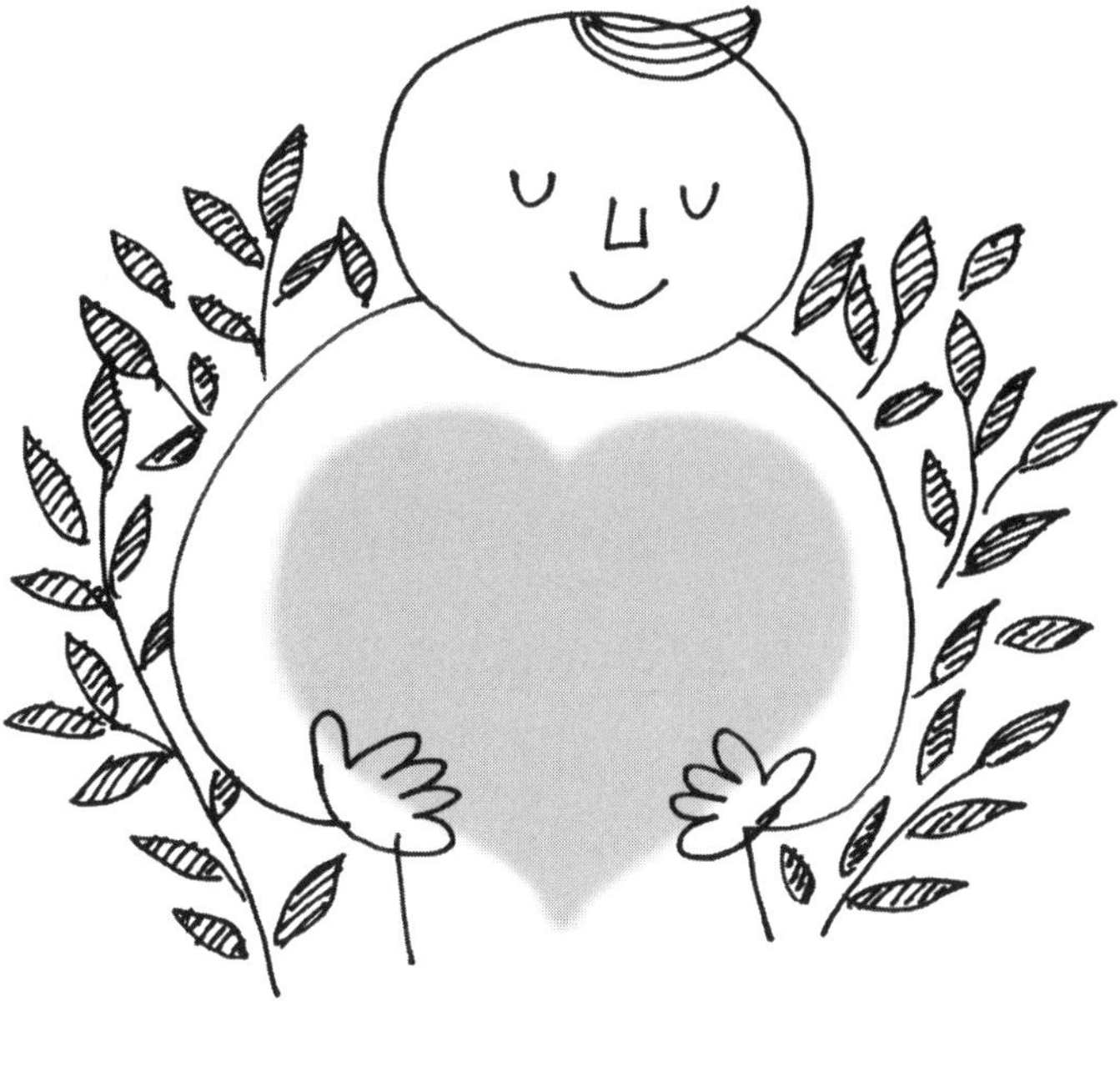

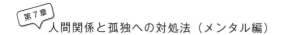

自分自身を冷静に見直すことができますし、自分自身をリセットすることもできます。

経営者である私たちは、会社員のようにホワイトボードに書いた帰社時間を気にすることや、社内の人間関係を心配するような必要はありません。外に行っても上司や同僚から「どこへ行っていたの?」みたいな目で見られることもありません。

ゆっくりと時を過ごして自分自身に戻った後には、帰って温かいお風呂に入って、また明日を頑張ればよいのです。

そんな時間こそ、起業した人だけが味わうことができる醍醐味《だいごみ》なのではないかと思っています。

07 自分を管理していくためのプチ逃避

会社員の時は朝出勤をしてから帰宅するまで、毎日のルーティン業務、会議、来客対応、外出など多岐にわたる仕事に囲まれており、お昼の時間に社内にいる時には同僚と一緒にランチを食べに出かける機会も多くありました。

常に最新のスケジュールに沿ってものごとが進み、銀行の記帳といった雑務はランチの後のついでにこなすなど、自然と自己管理をする術が身につきました。

また、社内の人との雑談は良くも悪くも息抜きになり、潤滑油《じゅんかつゆ》的な時間の役割を果たしました。もちろん、業種や業務にもよりますが、会社が終われば心のスイッチを切り替えて、プライベートに集中することも可能です。

構造的に、会社員の生活というのは本当に良くできているシステムだと思います。

私も起業をしてからは、当初は緊張感に溢れており、事務や備品調達などといった新しい作業も多く、精神的にもポジティブで過ごしていたと思います。

しかし、創業して数年ぐらい経ったある日、仕事が急に暇になってしまい、日常がマンネリ化し始め、時間が無駄に過ぎるようになってしまいました。

暇になると、人はいろいろなことを考え始めます。

入ってくるお金より、出ていくお金のほうが多い現実に向き合うことにもなり、自分で決めた給与も払っていけるか心配になっていきました。

次第に、早朝の駅に向かって足早に歩く出勤中の会社員の人たちの姿を見るだけで精神的に不安になってきてしまいました。その感覚は、次の勤め先を決めていないまま、会社を辞めてしまった時の心境に少し似ているのかもしれません。

一方で、誰からも指示がなく管理すらされず、何かを頼まれたり、誘われたりすることもない環境に、ある種の「ダルさ」が生じてしまい、やらなければいけない仕事があっても何となく時間が過ぎてしまう、何となくモチベーションが低下してしまうといったこともありました。

世の中の会社員の人たちがあくせくと働く中、午後になると眠くなってしまって昼寝をし、午後5時のチャイムで現実に引き戻されるといった感覚です。

そうなってしまうと、「モラトリアム」期間に突入します。

さらに私の場合は、出口のない不安感といったような、不安定な精神状態の時期もありました。 これは休みをきちんと取らず、休日もメール対応をしたりして、精神をきちんとオフにできない状態でいる時に、このような現象が頻繁に起こります。

この状況は、**心が弱ってきている証拠**だと思います。そしてこのスパイラルが続くと、自分の会社の課題にポジティブに向き合っていく気力や体力、メンタルが奪われてしまうのです。

これらの打開策として、私が体験を通して学び、あなたにぜひお勧めしたいと思うのは、いったん少しだけ「仕事ワールドから離れてみる」ことです。

なにも大袈裟に何日も休んだり、数日間旅行に行ったりするということではありません。

起業をして一生懸命それに向き合っていけば、現実的にはそんな時間すらありません。

そうではなくて、**午前中に自分の会社の仕事をこなしたら、午後はＰＣを閉じて、自分に栄養を与えるような時間の過ごし方をする、ということです。**

映画『かもめ食堂』（荻上直子《おぎがみなおこ》監督、２００６年公開）を観たことがありますでしょうか？ 女優の小林聡美《こばやしさとみ》さん扮する主人公が切り盛りする、フィンランドのヘルシンキにある食堂のお話です。

開業当初はとても暇だったため、思い切ってちょっと店を閉め、散歩や本屋での立ち読み、プールで泳いだりして気分転換をする場面が出てきます。まさにその映画の場面のイメージなのです。そんな感じの充電の仕方であれば、忙しくて時間が取れなくても実践することが可能なのではないでしょうか？

私の場合は、銀座や新宿などの繁華街を歩いて雑踏の中に身を寄せてみたり、突然知らない電車に乗って降りたこともない駅で降りてみたり、現地でふと出会った喫茶店に入ってみたりして過ごします。

とても不思議なのですが、そんなことをやっていると、帰り道にポジティブな感覚でＰ

Cを開けて、仕事のメールを返したくなるような気持ちになったりしてくるのです。

そして新しい感性が次第に回転し始めていくような、自分が徐々に能動的になっていくような過程にいることに気づきます。あれもこれもといった、パニックにも近いような心配ごとでいっぱいの精神状態から脱出し、これからやるべきことがきちんと明確化されていく自分にも気づきます。

自分で自分を支え、そして管理していくための方法としてこの「プチ逃避」の手法、自信を持っておすすめします。

第7章のポイント

見切り千両、セーフゾーン、プチ逃避で自分のメンタルをしっかり管理。

コラム

アペリティフの習慣

会社員時代は付き合いが多く、お酒を飲む機会も多かったのですが、起業をしてからは圧倒的に少なくなりました。残業帰りの飲み会がなくなったことが大きいと思います。とはいえ私のオフィスには色々なお酒が常備。チームやお客さまがいる際にはカクテルと軽いおつまみを振る舞って、仕事の後に１時間ぐらいおしゃべりを楽しんでから帰ります。フランスでは、夕食前に軽くワインやフィンガーフードを嗜みながら人との会話を楽しむ習慣があり、「アペリティフ（アペロ）」（apéritif）と呼ばれています。お酒がダメな方はノンアルのカクテルや紅茶、ココアなども。そんな楽しい時間が持てるのもひとり起業の醍醐味。もう少し楽しみたいな、と思う手前で切り上げるのが時間管理のコツです。

第8章

お金の不安を乗り越えよう

01

経費についてのヒント――出ていくお金に対する考え方

会社員でも、経費はいろいろとかかります。一般的な経費としては、出張の旅費や食費（出張手当のある会社も多いですね）、営業時の飲食代や交通費（電車・タクシーなど）、その他の仮払い品の購入といった経費が主になるかと思います。

しかし、自分で会社を始めると、個人の経費ではなく、会社としての経費となり、家賃や光熱費、電話代、ＰＣ、郵便代、荷物の発送費用、コピー用紙、トイレットペーパーに至るまで、何から何まですべてが必要経費となります。事業会社としての利益を考えれば、それこそ自分の給与まで経費になってしまいます。

これらの経費は、多くなればなるほど会社の経営を圧迫します。

よくそれが分からない人たちから、「経費は控除できるんでしょ?」とか、会食の会計時に「あなたは経費で控除できるのだから、いいわね。領収書をもらっておけば?」なんて言われることもあります。これは完全に、会社員思考です。

経費は儲けがあってこそ。儲けがない限り、経費を抽出することはできません。経費は自動的に出てくるものではないし、無限大にあるものでもありません。このことを意識していない人が意外に多いような気がしています。

私は、会社員時代と同じように、毎月のレシートや領収書、明細書をのりで裏紙に貼って月ごとにクリアファイルで保管しています。そして、定期的に経理ソフトに反映させていくのです。前月の経費は、翌月の給料日に合わせて振り込むようにしています。

そこで改めて気づくのは、結構無駄な経費があるということです。

顕著なのは、スターバックスやドトールなどでのコーヒー代です。海外では「ラテマネー」という言い方もあるようですが、これは経理上では会議費になります。

確かにW-i-F-iも使えるし、仕事にも集中できるため、効率を考えればクオリティの高い時間と空間だと思います。しかし、〝塵《ちり》も積もれば、山となる〟で、あまりにも頻繁に利用していたり、ついでにデザート類も一緒になんてことをしていると、あっという間に結構な金額になってしまうので要注意です。

交通費も問題です。今は交通ＩＣカードを使うことが多いので、細かくいくらだったかを確認することもなく、また意識することすらなく過ごす人が多いと思います。これも交通費が多くなってしまう原因です。

私の場合は、定期を購入して、途中の区間で乗り降りして用を済ませたり、真夏や真冬以外は、オフィスから近いところは自転車を利用したり、歩いています。運動にもなるし、気分もリフレッシュできるしで自分自身にもプラスです。

ちなみにレターパックや切符、出張時の新幹線代などは、チケットセンターで買うと少し安く購入できます。

例えば、私のオフィスからも近い新橋駅周辺には、格安チケットセンターが乱立しており、レターパックも郵便局で購入するよりも50円から１００円は安く購入することができます。また、ゆうパックを使う場合は、郵便局へ持ち込みをすれば１００円引きになります。

Amazonを使う方であれば、法人のみが登録できる「Amazonビジネス」がおすすめです。商品にもよりますが、通常の値段の5％以上の割引額で買い物をすることができます。

電話は、携帯（かけ放題）に転送されるよう設定し、会社宛に来た電話もスマホで受けるようにすれば、電話代を圧縮することができます。

業務上大切なものにはきちんとお金を使っていくことが大切ですが、何となく出ていってしまうような経費に関しては、普段の心がけで結構な額を節約することが可能です。

この感覚を習得すると、仕事をしていても金銭感覚がしっかり身についていきますし、将来会社が大きくなってお山の大将になったとしても、慢心《まんしん》や有頂天《うちょうてん》にならずに、しっかりと堅実に会社を運営していけると思います。

02 相手にもよるが、振り込みはなるべく迅速に

誰かに何か仕事をお願いした場合、月末もしくは月初に請求書が届くことが多いかと思います。あなたはいつ振り込みを行いますか？

中小企業・大企業の場合は、会社の決済システムが定まっており、翌月末、翌々月の10日付、翌々月末などである場合が多いかと思います。

契約書を交わす際には振り込みをする日が明記されていることがほとんどです。

ひとり会社の私たちも、大企業とまったく同じような設定にしてよいと思います。基本的には月末締め、翌月末払い（最終営業日付）でよいでしょう。

しかし、もし取引相手がとても小さな会社だったり、フリーランスの方だったりした場

合、もしくはあなたが好意にしている相手や事業パートナーだった場合、また自分の会社のために手伝ってくれた人には、その方たちへ信頼感を与えること、また自分の会社とまた仕事をしたいと思ってもらえるようにすることが肝となります。

その場合は、キャッシュフローを考えつつも、そこまで大きな金額でない限りは、なるべく早めに振り込み作業を行ったほうが今後の付き合いを考えると得策です。

いずれは支払わなければならないお金ですので、業務が終わったら迅速《じんそく》に支払うことによって、最終的に私たちのような小規模会社は**信頼という付加価値**を得ることができます。

結局は、支払いの速さや信頼で会社が判断されるという側面も常に忘れないようにしておきたいものです。仕事や人間関係が円滑に進む秘訣でもありますので、ぜひ実践してみてください。しかも、振り込み作業が多くなる月末に慌てなくてもよくなり、一石三鳥です。

03

見積もりを出す時に考えたいこと

とある会社があなたの会社と取引したいなと思った時に、まず言われるのが「では、見積もりをください」という脈アリな一言です。知り合いからの紹介だったとしても同じことを言われます。

金額が既に決まっていたり、料金表があってそれに準ずる内容であれば、あとは業務内容を詰めるだけなのでシンプルなのですが、何もないところから見積もりを出すとなると、ほとんどの人は迷います。これは私たちのような小規模会社のみならず、大企業だって同じことです。

私のような小規模事業主の場合、**多くの人は、長く良い関係を保ちながら仕事をしてい**

きたいと考えると思います。付加価値とクオリティの高い仕事をすることで、相手に「この会社とお付き合いをしてよかった」「またこの会社と仕事をしたい」というように思われたいと願っているはずです（対象が「人」ではなく、「会社」になるのがフリーランスとの違いです）。

逆に言えば、そのような関係に至っていないのに、はじめから安く買い叩いてくる会社や、相手の利益を考えてすらいないような（自分さえよければよい）会社との取引は、良い仕事をすることができなくなることから、最初から断ったほうが身のためです。付き合う会社や人間は、常に慎重になりたいものです。

私の場合、見積もりを作成するにあたって常に考えるのは、**自分以外の人に仕事をお願いしても利益（粗利）が出せる金額感です。**

例えば、自分が職人としてすべての業務を担当していくのではなく、自分が管理者やアドバイザーになって、ほかの信頼できる人に実務をお願いすることができる、そしてそれを実践しても会社としての利益が出る金額のことです。

もちろん、仕事を依頼する人は副業やパートタイムの方、ココナラなどといったプラットフォーム経由での外注である場合がありますし、自分も半分職人になって担当していく場合もあります。

つまり、自分と頼む人双方への人件費、そして経費をカバーし、なおかつ会社の粗利が若干でも出る金額です。それが適正金額の目安だと考えています。

そして見積もりを作成する際は面倒くさがらず、そしてシンプルにせず、なぜその金額になるのかが分かるよう、詳細をしっかり記載して詰めていくことが大切です（ここは非常に大切なことです）。

見積もりを出す先が、常に利益を出しているような企業であれば、自分の会社の粗利の部分を最初は少し大きく見積って計算します。なぜならば、見積もりを出した後にもう少し安くしてくれと言われた場合、その金額が既にギリギリだと、それ以上安くできなくなってしまうからです。

その金額で通ったなら「それでよし！」。「もう少し減額してくれないか」と言われたら、多くした部分から少しだけ削って再提出しましょう。

もし自分なりの適正相場よりも低い金額になってしまった場合は、クオリティの高い仕事をすることができなくなる恐れがあることから、思い切って断る勇気を持つことも考えます。

小規模会社に対して、「大手企業とは違って最初から安くできるんでしょ？」という構え方で仕事の相談をしてくる企業も多く存在します。それを１００％受け入れてしまうと、結局プロとしての付加価値が付かない「単純かつ小規模な仕事」しかできず、ただの下請け労働者になってしまう確率が高まります。

そうなれば、なぜ起業したのか分からなくなってしまい、会社員時代のほうがよかったなどと考えてしまう人が多いのは、こうした些細《ささい》なことも起因しているのです。

時に安さも売りにはなりますが、**あくまでも利益を出していくことが会社としての責務です。ここは物怖《ものお》じせず、しっかりと背筋を伸ばして、颯爽と自信を持って見積もりを出しましょう。**

見積もりに関するコミュニケーションをとっているうちに、付き合ってもよい会社なのか、付き合ってもよい人間なのかを慎重に見極める時間も確保できます。

04

取引先からの入金がない！ そんな時はどうする？

多くの取引先やクライアントと仕事をしていると、たまに不思議なことが起こります。

それは決められた日に入金がないことです。

請求書を既に送っているのに、相手は株式会社なのに、しかも名の知れた会社なのに、窓口の人はきちんとした人なのに、振り込みを忘れるなんてありえないはず。なのに、なぜ？


起業当初は、会社であれば、お金の支払いはきちんとしているのだと思っていました。

しかし、そんなことが中小企業でも、誰もが知っている日本を代表するような大企業でもなぜか起こるのです。

確実にきちんと請求書を送っているのに、なぜか決まった期日に入金がない。銀行通帳を何度チェックしても入金がない。そうなると気持ちが焦《あせ》りますし、不安になって他のことに集中できなくなるぐらいショックで、ストレスで爆発しそうになってしまいます。そうなると、仕事にすら集中できなくなってしまうのです。

いったいどんな理由なのでしょうか。考えられるのは、

- 経理やシステム上の手違い
- 手続きが遅くなった
- 振り込みターム（時期）が何かのミスで次の日程になってしまった
- 経理担当者が休暇
- 先方の内部事情で少し遅れている
- 書類が届いていない

もしくは、最悪なこととして、

- 相手の会社の経営状況が悪化している
- 債務超過などにより振り込みができないでいる

などなど、あまり考えたくありませんが、**もしものことも念頭におかなければなりません。**そのようなことが起こった時、私なりのコツを学んできましたのでお教えしたいと思います。

まず請求書は郵送やメール送信が普通ですが、INVOY《インボイ》などの請求書に特化したオンラインプラットフォーム系も便利です。請求書だけでなく、見積もりや納品書、領収書の作成から送信や管理まで簡単にできて便利です。無料版で十分です。

請求書は、取引先の相手によって郵送の時とメール送信の時がありますが、昨今ではメール送信が主流になってきています。メール送信の場合、私の場合はｂｃｃにＧｍａｉｌなど自分のもう１つのメールアドレスを入れておきます。**念のためきちんと送信されているかを確認するためです。**

郵送の場合は、追跡ができるレターパックを使いましょう。赤い手渡しのほうでもポスト投函用の青いほうでも構いません。

そして振り込みが確認できない時ですが、まずは冷静になってください。落ち着いてください。**心配で夜も眠れないかもしれませんが、1ヶ月後には、もしくは数ヶ月後には、もっとこの件についての詳細が分かり、解決し、過去の出来事になっているはずなのです。**

まずあなたがやるべきことは、毎日通帳を確認することです。入金がないのが金曜日だったら、週末を越して月曜に確認する、月末であれば翌月の初めに再度確認をすることです。それで様子を見ても入金がないようだったら、次に連絡をとることを考えましょう。電話など口頭でパパッと話したい衝動にかられますが、ここはまず、**証拠が残るメールで丁重に連絡します**。パニックにならないよう、淡々と、1＋1＝2のような感覚で、そして縦割りでものごとを考えていきましょう。

まずはこのようなメールを送ります（例文参考例）。

題名　○月末付のご請求書に関しまして
○○株式会社
○○様
日頃より大変お世話になります。

さて、一点確認事項がございます。○月31日付で発行させていただいたご請求書に関して、ご入金の確認をすることができませんでした。

ご多忙の中大変恐縮ではございますが、ご確認をお願いしても宜しいでしょうか。

お手数ですが、何卒宜しくお願い申し上げます。


「行き違いでお振り込みをいただいておりましたら　失礼のほどご容赦ください。」「行き違いでご入金いただいた場合は、失礼をお許しください。」などの一文を追加してもOKです。

コツは、ぐちゃぐちゃといろいろ書くより、短くて分かりやすく、要点がすぐ伝わるようなシンプルなメールがベストです。不必要に丁重な挨拶は内容がボケてしまう可能性があるため不要です。

念のため、bccで自分の別のメールアドレスにも送っておいてください（きちんと到着しているという証拠になります。これはとても重要です）。そして、送信したら、まずは連絡を待ちましょう。

通常は、この連絡のフェーズで解決することが多いです。事情により振り込みが遅くなっていた、経理のシステムがエラーになっていた、経理に提出した日がずれたため、次回の振り込みタームになってしまっていたなどの理由で、謝罪の連絡があった後、迅速もしくは近日中に振り込まれることがほとんどです。

その場合は「まあ、こんなことも稀にあるよね」と考え、入金が完了したら過去は忘れてしまいましょう。次から同じようなことは起こらないはずです。

さて注意しないとならないのは、それでも連絡も入金もない場合。電話もメールも繋がらない、返事も来ないという状況です。

先日、担当の人に会った時には何事もなかったのに、普通に仕事の話をしていたのになぜ？ 不安にならざるを得ませんし、その気持ちはよく分かります。

ただしその場合も、まずは冷静に、淡々と動いていくことを心がけてください。まずあなたが取るべき行動は、経費やコストがほかにかかっていたらすべてストップし、それ以上お金がかからないように迅速に手配することです。リスクを最小限に抑えます。

そして次は仕事。取引先にメール連絡をした上で、いったんメインの業務をストップしてください。例えば外注でサイトのデザインを誰かに頼んでいる、翻訳業務を外注でお願いしているなど、孫請けを交えた業務があったらそれもストップしてください。

そして、少し手数がかかりますが、今までの証拠をすべて印刷し、ファイルやクリアファイルに少しずつまとめていってください（デジタル保存も忘れずに）。

未入金の請求書、メールで請求書を送ったならばその履歴、過去に入金されたことがあれば該当部分の通帳のコピー、契約書があれば契約書のコピーなど手掛かりになるものすべてです。

それでもまだ連絡が来ない場合には、業務をすべてストップする旨のメールを送信します。そのメールも、感情や焦りは別のところに置いておくことを心がけ、まずは冷静に、そしてシンプルかつ丁寧に書いて送ってください。

これだけやっても連絡がなければ、もしその取引先の会社内でほかの方を知っていたら、その方へもｃｃをして再送信します。もしくは、その方に連絡を取ります。

それでも誰からも連絡が来なければどうすればいいでしょうか？　そこまでの状況に陥った場合、相手の会社内では社員への給料がストップしている状況や、債務超過や倒産という言葉が出てくるようなフェーズです。

もしあなたと同じように、その会社と取引のある企業や人を知っていたら、その会社にも連絡を取りましょう。おそらく同じようなことが起こっているはずですので悩みをシェアすることができますし、**困難な状況でも仲間ができるだけで精神的なストレスは和らぎます。**

そのような会社や人も知らないということであれば、その会社が入居しているビルを管理している不動産会社に連絡をしてみましょう。ネットで調べればその手掛かりが分かるかもしれませんし、ビルの中に管理不動産会社の名前が記載されていることもあります（入居募集の告知など）。このような流れで、**少しでも情報を共有できる人を探していくことが大切です。**

ネット検索などで、その会社と取引や関係のある企業を探すことも忘れないでください。

時間が経過しても、まだ同じ状況であったならば、冷静に覚悟を決めます。

簡易裁判という制度があり、少額でも裁判を起こすことができます。労力はかかりますがもし相手先が倒産してしまったら、管財人として債務を取りまとめる弁護士が付きます。そのような情報を得るためにも、情報を共有できる人探しは絶対に続けるべきです。

最悪、お金が入金されなかったとしても、あなた自身を責めることはしないでください。あなたは精一杯努力をしてきたし、できることはやり遂げました。でも、それでもダメだった。自己嫌悪に陥るのは絶対にやめてください。

お金は天下の回りものですから、また稼げばよいのです。絶対にまたその分以上を稼ぐことができます。お金はまた向こうからやってくるのです。

そうしたら、かかったコストを差し引いて、トータルで赤字になっていなければそれでよし、そうでなくても高い授業料として、これからの起業生活に生かしていきましょう。時間が経てば、忘れます。

お金の問題が生じても、まずは冷静に、淡々と行動をしていきましょう。必ず解決し、不安は過去の出来事になっているはずなのです。

ただし、このようなことは最後の状況であり、滅多《めった》に起こることではありません。通常は期日までにきちんと入金されるはずですし、振り込みの遅延があったとしても、少し待って入れば入金はされるでしょう。

会社運営を続けていくと、多少の遅延があったとしても慣れてきて、待つことができるようになるぐらい冷静になっていきます。

しかし残念ながら、最悪な事態は起こる時には起こります。ですので、こういうこともあるのだと思って最初から肝に銘じておいたほうが、のちのち何かあった時の免疫力になります。

そして最後にこれだけは忘れないでほしいのですが、業務をして請求書を送るまでが会社経営ではありません。銀行口座に入金を確認するまでがあなたの会社の仕事であり、社長としての責任です。

このことは、いつでも頭の片隅に置いておき、時々思い出すようにしてください。

05 資金不安があっても冷静に――気持ちをポジティブに構える方法

会社員時代の最大のメリットは、毎月決まった日にちに給与が振り込まれるということでした。しかもボーナスのある会社であれば年に2回も大きなお金が振り込まれます。そして使った経費は、立替金として後日戻ってきます（会社員時代は立替金の精算において、経理の方に散々お世話になった人も多いのではないでしょうか）。

しかし、起業をするとそれがありません。自由にお金を稼ぐ自由が生まれると同時に、**一番の心配ごとも「資金繰り」となります**。

「なぜ多くの起業家は失敗してしまうのか？」の章でも書きましたが、起業をして会社を運営していると、常にお金の管理や心配がつきまとい、銀行通帳を眺める機会は会社員時代よりもぐんと増えます。

収益がなく、経費だけが出ていく状態に陥ると、お金はどんどん消えていきます。そうなると、常にそのことが頭から離れず仕事に集中できない精神状態となり、いわゆるデフレ・スパイラルのような状況に陥ってしまいます。


私は一度、その経験をしました。キャッシュフローには常に注意をし、お金が振り込まれなくても、おおよそ6ヶ月強は会社が持続するように体制を整えてはいましたが、仕事が安定していたことから少し気持ちが緩《ゆる》んでいました。

しかし青天《せいてん》の霹靂《へきれき》、突然、一度に多くのクライアントを失った時期があり、外注先や必要経費の支払いを除くと法人口座の残金がなんと50万円以下になってしまったのです。


クライアントをなくしたのは私の問題ではなく、先方の経済事情によるものだったのですが、突然の告知によって毎月入ってくる予定の金額を失い、経済活動の循環という血液の流れが突然止まってしまったのです。

何度も何度も通帳と睨《にら》めっこしても変わることのない金額。その月から自分の給与を出せないばかりか、オフィスの家賃や光熱費、その他支払いや経費などを考えると不安でいっぱいになり、まさに「The End《ジ エンド》」な状況でした。

その時は頭が真っ白となり、食事が喉《のど》を通らない状態。しかも周りにはそのことを相談できる相手もおらず、孤独感でいっぱいでした。

仲のよい会社員の友人にそのことを話しても立場が違いすぎて解決できないし、いつもキラキラしているリア充な知人に相談しても暖簾《のれん》に腕押しです。

逆に会社員の人でも、このような時に相談に乗ってくれた人、応援の言葉をくれた人は宝物のような存在です。**そしてこのような辛いシチュエーションを経験することで、私は人との付き合い方も変わっていきました。**

このようなケースは想定外の出来事として突然向こうからやってきたり、自分の過失でもないのにたまたまそうなってしまったり、いろいろな発端があると思いますが、政府の発表している廃業率などを見てみると、このようなケースでどうにもこうにもいかない状況に陥ってしまった起業家・経営者、そして会社はかなり多いのではないかと察します。

このような状況に陥ってしまった方への私からのアドバイスは、**「まずは慌てず冷静に」**

ということです。

そして、これから起業をされる方には、**「このようなことも起こり得るのだ」**ということを頭の片隅に入れて想定しておくことです。リスクヘッジとして想定さえしておけば、もしも何かが起きてしまった時でも比較的冷静でいることができますし、常に頭の中で想定内としておけば、大きな傷を避けることができるはずです。

私の場合は、緊急の解決策として、自分の個人の口座から50万円を会社の口座に入金しました。当初は100万円まで考えていましたが、失ったクライアントからの最後の入金と、ほかの仕事案件からの少額入金があったため、まずは50万円を入れて耐え、それでも足りなくなったらもう50万円を入れるという二段階方式にしました。

これは貸し付けにあたり、自分個人のお金を会社に貸し付けるということなので、会社が儲かればそのお金を返す（返してもらう）ことができます。利息をつけて返金することさえできます。

友人からの借金であれば、信用問題に発展してしまいますが、会社の経営者（個人）から会社へ貸し付けるため、誰にも遠慮しなくてもよいのがメリットだと思います。

この個人から会社への貸し付けという切り口は、もしものために覚えておいてください。そのためにも会社を設立する時には、自分の貯金をすべてビジネス投資に費やしてしまわないことが重要です。

私は、この経験から経費の使い方を全面的に改め、物や備品に関してはできる限り個人で使っているものを二次利用し、何か備品を買う場合はメルカリやヤフオク、ジモティなども利用して、徹底的に節約をするようにしました。

ただ、このような時には、生活に大切な部分をケチったりはしないようにしてください。このような時期は義理でいくような飲み会や遊びに参加することも少なくなります。**経営を筋肉質に変えていき、自分を鍛えることができるチャンスと前向きに考えましょう。**

ひとり会社を経営していると、いきなり銀行からの融資を得るのは難しいことです。信用金庫や地方銀行であれば、取引をしていれば相談に乗ってくれる機関もあるかとは思いますが、大手都市銀行となると一気にハードルが上がります。

しかも低金利と言っても、結構な返済額になります。その場合には、日本政策金融公庫《にほんせいさくきんゆうこうこ》も検討したほうがよいと思います。日本政策金融公庫は国の機関であり、私たちのような小規模会社も貸し出しの対象としています。

しかし着金までに時間を要したり、手続きや審査が煩雑《はんざつ》だったりと課題もあります。なので、まずは自分の口座から貸し付けること。自分自身で解決する方法を試みることが得策です。

また、会社ではなく、個人で借金をすることも1つの解決方法です。法人だと難しくても、個人のカードローンや主要オンライン銀行だと、無担保かつ低金利で1000万円まで借りることができます。

であれば使わないほうがもったいない、という考え方もできます。そしてそのお金を会社に貸し付ければ、それで買える時間が増えることになります。

一方、次のような組織・団体などでは、中小企業診断士、税理士、弁護士などと無料で相談ができるサービスも多いので、遠慮せずに積極的に利用してみてください。

- 法人登録をしている市や区による中小企業支援機関
- 独立行政法人 中小企業基盤整備機構（中小機構）

- 都道府県の機関（東京都であれば東京都中小企業振興公社）
- 日本商工会議所

特に中小企業診断士の方には、何でも等身大的な内容の相談ができます。お互い利害もありませんし、親や友人でもありませんので、恥ずかしいと思っていることでも遠慮なく、正直に話をしてみてください。**正直であればあるほど自分も安心でき、解決も迅速になります。**

ここで覚えていてほしいのは、行政は私たちのような者にとっては唯一の味方だということです。とにかく手続きは異常なほど煩雑だし、サポートが欲しくても自分のケースに当てはまるものがまったくないなど、いろいろ課題もあります。

しかし探せば探すほど、助成金制度や特別緊急融資など、様々な掘り出し物案件が出てきます。**しかも自分からアンテナを張って探しに行かないと、その情報を知ることすらできないのです。**

さらに助成金に関して言うと、例えばサイト制作であれば、そのサイトの制作が終わらないとお金をいただくことができないなど、仮払い・立て替え期間をどう乗り越えるかなどの壁があります。

ただ、それらは最終的には返さなくてもよいお金です。日頃から行政や機関のことを知っておくだけでも、今後のリスクヘッジになると思います。

資金繰りのショートに関してはもう1つ注意することがあります。**それは、気持ちや精神上の問題です。**お金の問題というのは大変デリケートですが、状況が悪化するとズンズンと精神状態を蝕《むしば》んでいく性質も持ち合わせています。

「そういうこともあるのだ」ということを常に認識しつつ、なってしまった際にはまずは可能な限り冷静さを心がけて、その悩みを私生活に持ち出さないためにも、問題を考える時間を縦割りにし、その時間枠の部分だけを切り取って対応しましょう。

時間枠を縦割りにしてものごとを考えるようにすると、その悩みに具体的に対応していく時間以外は、ほかのことに集中することができます。

そのような時間枠内は意外に冷静になることができるので、仕事の仕込みをするとよいと思います。例えばホームページの修正だったり、新しい企画書の作成、図書館で本を読んだりすることで仕事の新しいアイディアを考えることなどです。資金繰りに悩む時間以外の時間枠を、次へ飛躍していくための準備期間として捉えるのです。

何かをするためには、静かな準備時間は絶対に必要です。資金がないことを理由に自暴自棄《じぼうじき》になることなく、人から見えないところで自分を鍛錬していく。これは、新たにジャンプをしていくためにいったんしゃがむ、花を咲かすために人から見えないところで種まきをして努力をしていくという意味です。非常にポジティブなことだと思いませんか？

そしてもっと大切なのは、最終的には「**何とかなるさ**」と楽天的に考えていくことです。最悪会社を閉じることになってしまったとしても、また会社員に戻ればよいじゃないですか。日本は1億2千万人がいる国です。それまでの経験を生かせば、雇ってくれる会社は絶対に見つかります。

もしくは会社を休業状態にしておき、会社員で少し稼いだら、また戻ればよいじゃないですか。もしくは会社を運営しつつ、午前中はどこかでアルバイトして稼いでもよいのです。時間の使い方は自由ですから。

「死ぬこと以外はかすり傷」という言葉があります。可能な限り気楽に考え、塞《ふさ》ぎ込むことや自分を悲観することはしないことです。

自殺などをふと考えてしまうような悲観的な考え方はすべてシャットアウト！　どんなことがあっても、永遠にその悩みが続くことはあり得ません。**ぜひ何とかなるさの楽天的な心構えで、大局的にものごとを構えて対応し、現状の改善をしていきながら行動をして行ってください。**

先述の通り、このようなフェーズは、大きな花を咲かすための種まきの期間であるため、今後の事業内容や生き方に対する価値観が変化していくこともあります。

また、付き合う人たちや人間関係、付き合う会社すら変わってしまうこともあるでしょう。**これは自分の会社がさらに新しいステージに進むための移行期間なのです。**

その大変な時に何を考え、それをどう仕込んでいくかで、その後の結果が変わります。逆境だからこそ、そこで諦めず、むしろその逆境を糧にして成長をさせていく。そのチャレンジが試されているのだと思います。

お金の悩みは時間を縦割りにして対応しましょう。何とかなるさの楽天的な心構えで！

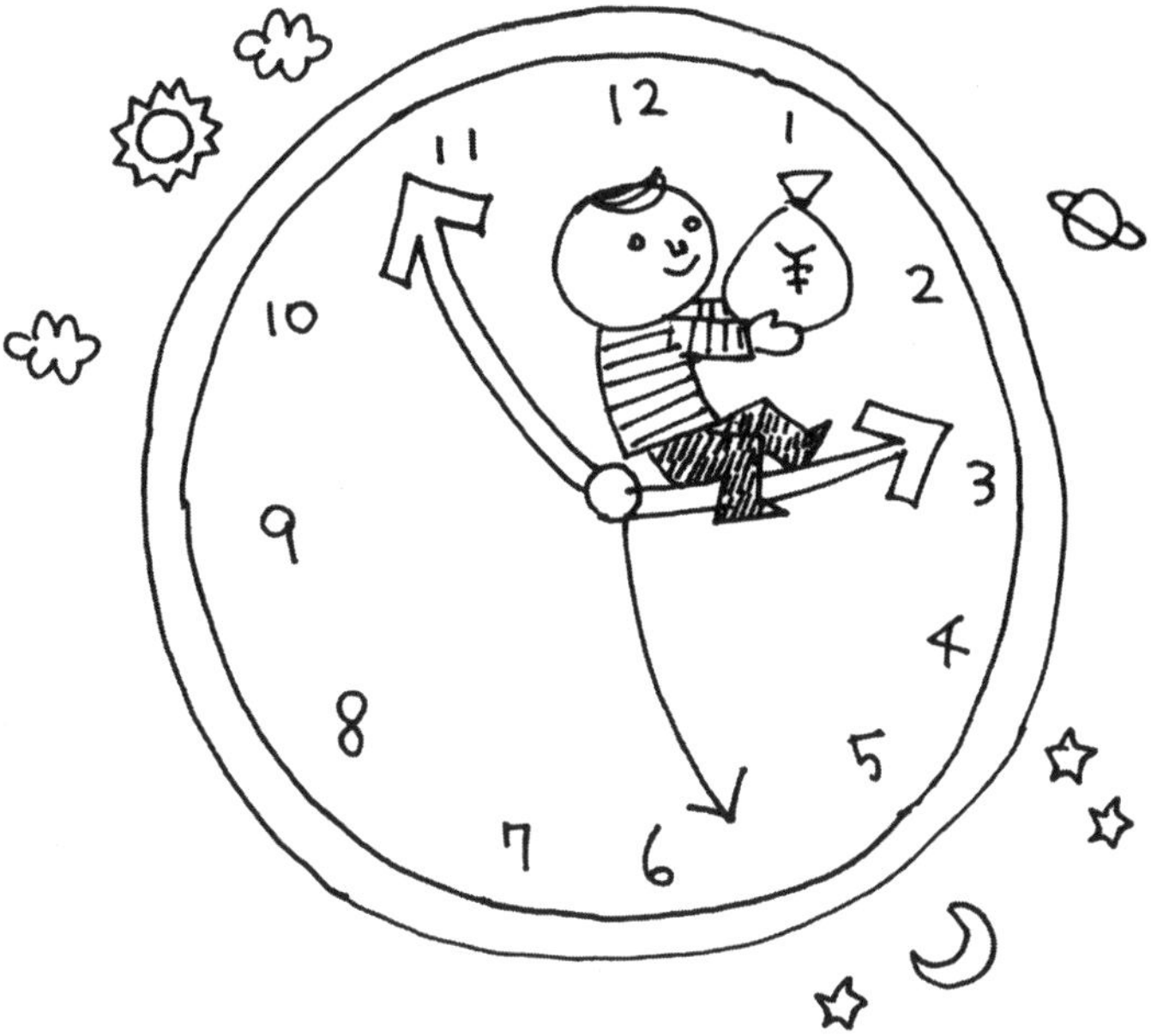

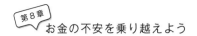

06

行政による助成金・融資・保険に関するアドバイス

さて先ほど、行政の助成金についての話に少し触れましたが、昨今、国や地方行政では会社を運営している人向けに、様々なサポートや援助を行っています。

中小企業庁や中小企業基盤整備機構、そして地方行政。これらが提供するサービスは税金で賄われているため、もし該当する助成金や融資があればぜひ応募していただきたいと思っています。

ただ、中小企業庁などといった大きな組織になると、展示会出展補助や開発研究支援など、社員が10名以上いるような規模の会社でしか応募できないような内容の助成金が多いのが実情です。それだと、ひとり起業で応募することは難しいのです。

そこで狙い目は、地方行政です。例えば、私の会社がある東京都港区ですと、中小企業診断士との相談が無料だったり、創業に関する勉強会が定期的に開催されていたり、港区内で事務所または店舗を借りて新しく起業する人に対して、家賃の一部を一定期間まで補助をするといった内容のものまであります。

助成金に関しては、会社のホームページを制作するにあたって予算の一部（50万円まで）を補填するといったものまで多種多様なものがあります。例えばホームページの制作ですと、コンテンツ制作費用、プロバイダー契約料、サーバー契約料、独自ドメイン取得料、ホームページ作成ソフト購入費までカバーされます。

融資に関しては、中小企業診断士からのアドバイスを受けながら、創業計画書を作成し、実績がなくても行政が仲介することで、融資を比較的簡単に受けることができます（もちろん審査はあります）。

ただし注意しないといけないのは、このような募集は**これから創業しようとしている方、もしくは創業1年未満の方に向けた融資の斡旋と助成金の補助が多い**という点です。

つまり、多くの行政の融資や補助金は創業時、もしくは創業1年〜2年未満を対象としたものが多く、例えば私の会社のような創業して15年以上も経っているような会社には該当しないものが多いのです。

それは日本で起業をする人を増やして経済を活性化させたい、その延長上として雇用を増やしていきたいという国の方針や意図が影響しているからです。


先ほどの港区のホームページの助成金の場合は、申請者は創業1年未満で、かつ申請時にまだホームページを開設していないこと（作成が完了していたとしても）、そしてまだ費用の支払いが完了していないこと、住民税を滞納していないことが前提条件となります。

ですので、**起業を考えた時点で、同時進行で会社を登記する場所の行政の助成金や融資制度に関して調べ始めることが大切です。創業後では遅いことを忘れないでください。**

そして手続きは煩雑で、支払いはすべてが完了して報告書を出してからになりますので、それまでにかかる予算だけはきちんと確保しておきましょう。


中小企業庁や中小企業基盤整備機構のサイトには、2020年に起きたコロナ禍での支援金制度など、私たちのような小規模会社にとって有益となる情報が多く掲載されています。FacebookやX（旧Twitter）などと連携されているものも多いですので、ぜひブックマークをして定期的にチェックをしておきましょう。**行政は公共機関です。ひとり起業にとって最も頼りになる味方なのです。**

そして最後に大切な一点。もしあなたが現在まだ会社員（雇用保険の受給者）で、これからひとり会社を始めようと考えているのであれば、ぜひ覚えておいてほしいことがあります。

それは、会社勤めだった人が開業をする場合、**要件を満たしていれば「再就職手当」を受給することができるという点です。**

通常の失業手当は、給付日数が一定以上残っていて再就職が決まらない場合に支給されますが、実は起業をした場合でも支給対象になります。

ただし、会社員として雇用されている間に登記所で開業届を出してしまっている場合には、売り上げがなくても失業しているとは断言できず、よって失業手当の受給はできません。

この「再就職手当」は、失業手当を受給している期間に起業する場合に適合するものなので、現在会社員の方は、雇用保険の申請を終えて、受給が始まってから開業届を出すようにするとよいかと思います。その間も起業の準備をしっかりと進めていきましょう。ぜひハローワークで要件を確認するようにしてください。

また厚生労働省によって、失業保険の受給期間が4年間に延長される特例が始まりました。例えば、退職後に起業して失敗したとしても、4年以内であれば失業保険の給付をまた受けられるようになります。**失業後に起業家や個人事業主に転じて再出発したが、うまくいかずに再び失業した人が対象になるセーフティネットです。**

昨今はこのように、国や行政による起業家へ向けた支援が充実してきています。以前と比べ起業環境が格段に向上し、起業のハードルやリスクが下がってきている現在、まさに起業を計画している方にとってはかなりの追い風なのではないでしょうか。

第8章のポイント

資金不安は、冷静に楽天的な心構えで。永遠に悩みが続くことはない！

第9章

ひとり起業ライフのヒント

01 何かひらめいたら自分へメモを！

仕事をしている時、移動中、ランチをとっている時、シャワーを浴びている時、就寝中など、急に何かアイディアを思いついたり、「これだ！」とひらめいたりすることがあります。

また買い物中に、「こんな商品があったんだ。自社開発してみようかな」なんてふと考えたり。でも「後になってまた考えよう」なんて思って、そのままにしてしまうと思い出せなくなったり、その時にひらめいたことすら忘れてしまいます。

それは機会の損失であり、とてももったいないことです。

それを防ぐためには、**すぐにメモを取る習慣**を身につけてください。

▶歩いている時や電車に乗っている時、何かを思いついた時にささっとＬＩＮＥにメモをインプットしておくと、思ったことを忘れてしまうといったリスクを防ぐことができます。

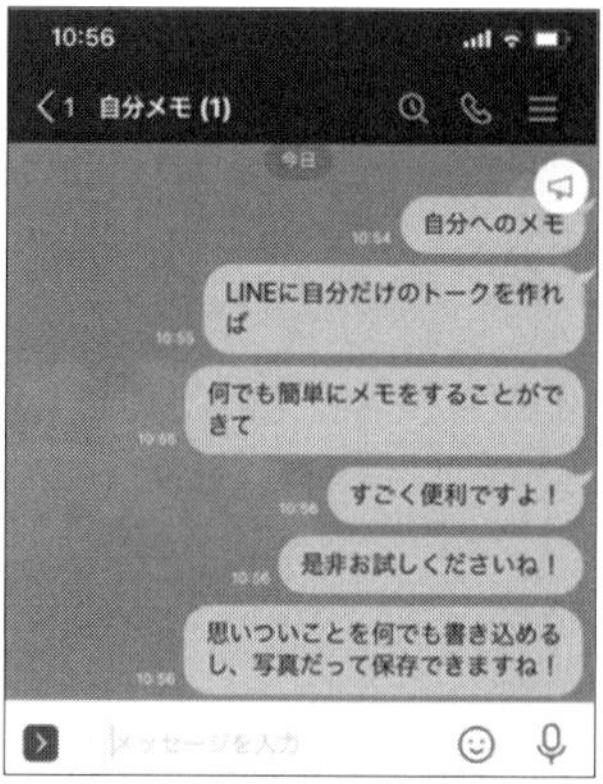

▼時間を先に決めることで、頭がクリアになります。足元をきちんと固めることで自身の安心にも。ワクワクしていくような自分だけのビジョンを具体的に妄想したら、それも書き込んでしまいます。

ベッド脇にポストイット（付箋《ふせん》）を置いたり、スマホに記録や録音をしたり、小さなメモ帳をバッグの中に入れたりします。

スケジュール帳を活用するのもよいのですが、私のおすすめはＬＩＮＥアプリです。**実はＬＩＮＥは自分だけのトークを作ることができます**。しかも、トークのトップに置くことができるため、自分だけのメモ帳としていつでも簡単にアクセスでき、自由自在に活用をすることができるのです。

そうすれば、紙切れに思いついたアイディアを書いたけど、その紙切れをどこかになくしてしまったなんてことも起こらなくなりますし、今後の参考になるような画像を保存したりすることもできます。

もちろんEvernote《エバーノート》などのアプリでもよいのですが、ＬＩＮＥはスマホの中で最も開く確率の高いコミュニケーションアプリの１つだという人にはとても便利です。**自分のトークをトップに固定して、自分用トークに、思いついたことは何でもどんどん書き込んでいきましょう**。

さらに私の場合は、スケジュール管理のための手帳をいつも身体から離さず持っています。

ちなみに私の好みの手帳は、日本能率協会の手帳と、和田裕美《わだひろみ》氏監修の手帳「W's Diary　和田裕美の営業手帳」です。

週ごと、そして時間ごとに区切ってスケジュール管理ができるのと、余白ページは自分だけのメモ帳として自由に使ったり非常に自由度が高いこと、また和田氏の手帳は元気が出る言葉集や、仕事のモチベーションが上がるようなメッセージが週ごとに記載されており、まさに孤独がちな経営者にはピッタリの手帳だと思っています。

思いついたことや大切なことを、何かの裏紙に書いてそのままどこかへ置き忘れてしまったりすることや紛失を避けるためにも、手書きの場合はこの手帳、デジタルの場合はＬＩＮＥと、メモ取りはこの2つに集約させています。

02 株投資は仕事に役立つ

既に株式投資をしている方も、一切興味のない方もいるかと思いますが、今の時代はオンラインで簡単に株式投資ができるので、仕事と仕事の隙間時間や移動中に株価を確認したりすることができます。

このようなことを仕事中にできるのは、**ひとり起業や小規模事業主の特典**ではないでしょうか。時間も業務も管理されている会社員や公務員ではそうはいきません。

ひとりで会社を経営していく上で、投資は実際の仕事にも役立ちます。

例えば、世界で紛争が起こるとエネルギーや、航空機・船舶製造会社の株価が上がる、米国でマスク解禁になった時には旅行や交通関連の株価が上がったことなど、株価に日々接していると日本や世界の経済・社会の動きが何となく分かってきます。

その延長上で、自分の業界や景気動向なども何となくでも把握できるようになるため、これから社会で何が起こっていくのだろうかなど頭を働かせて想像したりします。

また、本業の仕事とは別にお金を投資して、そのお金にしっかりと働いてもらうという意識を醸成《じょうせい》していくことは、ひとり起業の運営においてプラスになります。しかもひとり会社を経営しながら、少額の投資額であっても大企業のメンバーとして、立派な株主になることができるのです。そんな機会は株主になるしかあり得ません。

そして株を購入した企業の動向が気になるため、定期的に株価をチェックすることになりますが、それによって**何か直感的かつ感覚的な思考、臭覚のようなものが磨かれていく**ような気がします。のめり込むのはダメですが、この感覚は、世の中の状況を把握する上においても大いに役立ち、一石二鳥です。

投資活動をするコツは、あくまでも本業の補佐役という立ち位置で決して深入りはしないこと。あまり欲をかいて、FXや先物などほかのハイリスクな投資に目を向けないこと。投資にはリスクが伴います。自身の判断において、自分でコントロールが可能な投資額もしくはお小遣い程度にしておいてください。そうであれば、もし何か大きな株価変動があったとしても現物・株数自体はなくならないので、本業のほうに頭を集中していくことができます。

口座は、一般口座と特定口座の2種類がありますが、特定口座が便利です。特定口座を選択すると、登録している証券会社が1年間の売買損益を計算してくれます（一般口座では自分で計算することになります）。そして特定口座は源泉徴収によって納税まで自動的にしてくれるので、自分で確定申告することは不要となります。

私は、入出金口座と配当口座で使う銀行口座を分けています。資産株と言われるような日米の大企業株と将来への期待を込めたベンチャー株を保持し、高値で売却した際の利益は預貯金に回し、**配当金は自分へのご褒美《ほうび》としてちょっと豪華な食事をしたり、好きなものを買ったりして自分への投資に充てます。**

ひとり会社を運営しているとボーナスなんて存在を忘れるほどお金にシビアになっていきます。なのでその配当口座に振り込まれた金額分だけは、年に2回のボーナスとして、自分へのお楽しみやご褒美だと思って自分自身や家族に使うことで、モチベーション向上、頑張ることへの励みや心の潤滑剤にしています。

何度も述べていますが、仕事中に株をチェックできる環境は、ひとり起業だからできることです。

もちろん業種にもよりますが、拘束度合いの高い一般の会社員や公務員ではそんなことは絶対にすることができないのですから。NISA《ニーサ》枠も広がっている今、このように**ひとり会社、そして起業家としての自由やメリットを十分享受しつつ、お金にしっかり働いてもらう感覚を持っていたいものです。**

03

迷惑な営業電話には毅然とした態度でキッパリ断る

会社員時代には気づかず、起業をしてから分かったことの1つに、やたら頻繁に営業の電話がかかってくるということがありました。

自宅にも不動産営業やら金融関係やらいろいろな営業電話がかかってくる人がいますが、会社にかかってくる電話の数はその比ではありません。しかもナンバーディスプレーを付けていたとしても、もしかするとその電話はお客様からの問い合わせかもしれないし、何か重要な電話かもしれないため、どうしても電話を受けてしまいます。

私の場合、多いのはサイト制作、ＳＥＯの会社、営業代行、通信回線の営業、人材会社や証券、保険会社の営業、事業範囲外の物品やサービス販売です。投資、ＰＣのリース、オフィス家具の営業までありました。

ひとり起業の場合は、大きな会社のような窓口となる受付機能がありません。なのでこのような電話が頻繁にかかってくると、すぐ仕事に支障が出てきてしまいます。

しかも、このような迷惑な電話はなぜか夕方以降に多く、週末にかかってくることも稀にあります。「代表は、いらっしゃいますか?」と聞いてきて、自身の名前や用件を名乗らないことも多く、また会社名を早口、もしくはぼやかした形で話してくる人もいます。特に女性のひとり起業の場合は、このような電話がかかってくると正直怖いと思います。

まず、電話帳には絶対に会社名を記載させないようにしてください。電話帳と言っても若い方はピンとこないかもしれませんが、これに会社名と電話番号が掲載されると営業電話が多くかかってきて大変です。

また、ひとり会社であれば、対策としてはスマホに電話を転送させてスマホで電話に出ることです(しかも、かけ放題にしておけば固定電話代を節約することができます)。

あとは迷惑電話の設定で、知らない電話番号の場合はいったん留守番電話設定にして、ネットで電話番号を検索して何も問題がない会社であればかけ直すなどの方法があります。

万が一、電話に出てしまった場合は、**丁重かつはっきりと断る姿勢が大切です**。社長ひとりの会社でも、社長本人が雇用されている社員になったつもりで「社長はいません」と伝え、丁重に「申し訳ありませんが、必要ありませんのでお断りします。失礼いたします。」と力強い声できっぱりと断ります。この時、余白を残すような話し方や、曖昧に断らないようにしてください。

一方、話をまくし立てて、電話を長引かせようとしてくる営業も多いので、「お断りいたします。失礼します」と話しながら電話をそっと一方的に切ってしまいましょう。絶対にそれ以上繋がないようにしてください。

また、相手が「改めて電話します」と話してきても、社長（自分のこと）がオフィスにいることやスケジュールの状況を教えてはなりません。

毅然《きぜん》とした態度でスパッと断ることで、営業電話に対する時間を減らして、本業の仕事に集中しましょう。最後に、その番号を迷惑設定にすることも忘れないようにしてください。

04 商工会議所の会員はおすすめ

私の会社は、起業当時から東京商工会議所の会員です。

商工会議所は日本全国にあり、中小企業や小規模会社を裏で支えてくれる巨大組織で、ほとんど公的機関のような機能を持つ組織と言っても過言ではありません。そして、その政治的なパワーも想像以上に強固です。

(たまに間違えている人がいるのですが、オーナー企業の二代目三代目などが多く在籍している青年商工会議所とはまった違う組織ですので注意してください)

私の会社のような小規模組織の場合、年会費は資本金が500万円未満の場合は1万5000円、500万円以上は3万円、1000万円以上だと4万5000円です(2024年現在)。

会員になっていた方が多くのメリットを享受することができてお得です。

例えば、会員ならば無料で税理士、社会保険労務士、弁理士、司法書士、行政書士、海外法務にも精通した弁護士などに相談ができたり、異業種交流会に参加することができたり、数々の勉強会やセミナー、社会見学のツアー、内外著名人らの講演なども無料もしくは会員価格で参加することができます。

また、**共済制度があり、リーズナブルな掛け金で医療保険、傷害保険、生命保険として活用することができるので、もしも何かあった時のリスクヘッジとしておすすめできます。**

さらに**ひとり会社でも加入できる福利厚生プラン**があり、月1000円前後で例えば、保養所・ホテル・旅館などの宿泊からパック旅行、スポーツクラブ、自己啓発、福祉サービス、育児サービスなど、**大手企業と同レベルの福利厚生サービス**を利用できます。

しかもこれは福利厚生費として損金処理をすることができ、本人だけでなく、2親等の家族まで同条件で利用できるので非常にコストパフォーマンスに優れています。

これなら、社員を雇用した際にも福利厚生がきちんとしている会社ということで、愛社精神や帰属意識を持ってもらえそうです。

▼商工会議所の活用は可能性もメリットも無限大。ひとり起業でも福利厚生が大手企業レベルになります（画面は、東京商工会議所のホームページ）。

また、以前コロナで収益が減った小規模企業・中小企業に対して中小企業庁が実施した支援金においては、申請の手続きの際、商工会議所の会員企業であれば手続きや提出書類が簡素化されました。

商工会議所は全国組織で日本中どこにいても加入できますし、活用次第でサービスの可能性もメリットも無限大なので、起業をしたらぜひ検討をしてもらいたいと思います。**何よりも巨大組織から守られている感があり、ひとり起業にとってはとても心強いです。**

05

買って良かったもの・いらなかったもの

会社を興してからは、いろいろなものが必要になり購入しましたが、実際に必要だったもの、買って満足したもの、その反対だったものや明らかに失敗だったものなど、いろいろな経験をしました。

皆さまのヒントになればと思い、買って良かったもの、不要だったものを記録しておきたいと思います。

買って良かったもの

レーザー複合機

実は創業当初はインクジェットプリンターを使っていました。単に安いからという理由だけでそうしていたのですが、カラーコピーに時間がかかり、印刷した資料も家庭用プリンターの仕上がりでした（それでもしぶとく頑張っていました）。

しかし、ブラザーの複合機に切り替えてからは、コピーもスキャンも会社員時代とまったく変わらない仕事生活を送っています。

インクジェットの時代は、カートリッジをメルカリなどで購入していたのですが、純正品はそれでも高価で交換も頻繁だったため、もっと早くレーザーにしておけば良かったと思いました。

レーザー複合機はブラザーの「JUSTIO《ジャスティオ》」をヤフーショッピングでポイントが多くもらえるお店で購入しました。

非常に重いので、ひとりで運ぶのは難しいと思います。ぜひ友人にサポートをお願いしてみたり、床に段ボールや毛布を敷いて引きずって移動するようにしましょう。

セラミックヒーター

北海道や東北の一部地域などは、寒冷地で普及している集中暖房やFF式暖房設備が備わっています。床暖房があるところは別ですが、関東地方にある弊社のように、エアコン以外何もない寒々しいマンションオフィスですと、冬はエアコンを稼働させても室内は底冷えするほど冷えます。しかも賃貸の場合、大家さんが経費をあまりかけないようにするため安価なエアコンを導入している物件が多いです。

そこでエアコンにプラスαの暖房装置として、自分で購入できて工事をする必要のない暖房としてセラミックヒーターはおすすめです。

私が購入したのは価格も控えめなTHREEUP《スリーアップ》というベンチャー企業のヒーターで、いわゆる局所暖房ですが、電源をオンにするとすぐに暖気が出てくるのでエアコンを使わなくても結構暖かいです。

エアコンも併用して使うと部屋中がぐっと暖かくなり、仕事にも集中できます。しかも直接火が出る暖房ではないので比較的安全です。

オイルヒーターを使っていたこともありましたが、暖かくなるまで時間がかかるためオフィスには向かず、さらに電気代が高かったため売ってしまいました。

●加湿器

主に冬場用ですが、暖房をつけると空気が乾燥するため必須アイテムです。ブランドは問いませんが、アロマオイルを注入できるものがあり気に入っています。そこまでこだわりがなければ、メルカリやヤフオクなどで買う中古品でも十分だと思っています。

●ワイヤレススピーカー

資料作成、経理、サイト関連といった机に向かう仕事を長時間していると、音楽やラジオをかけながら仕事をすることで、仕事がスムーズに進む場合があります。また寂しくなることもありません。

私の場合はアップルミュージックに入っているので、クラシックやジャズ、歌謡曲、海外のラジオに至るまで仕事中にいろいろな音楽をかけています。

また今は国内そして世界中のＦＭラジオが聴けるアプリが数多くありますし、Voicyなどで有名人の話を聴いたりと、ながら作業を楽しむ材料が多くあります。そのため、ＰＣやスマホと簡単に接続することができるワイヤレススピーカーは必須アイテムとなっています。

スイッチ付き電源タップ

オフィスは様々な電化製品や電子機器に囲まれています。すべての機器をコンセントに差したままにしていると、待機電力もかなりのもの。

でも電源タップを利用すれば、スイッチをオフにするだけで、電子機器の電源プラグをコンセントから抜いた状態と同じ状態にすることができ、使わない機器の待機電力の消費を防ぐことができます。

また、使わない機器をオフにすることができて、火災予防という点からも安心です（ただし電気容量の大きなものを使う場合は、基本的には直接壁にあるコンセントに接続してください）。

外付けSSD

バッファローのものを使っています。PCのバックアップ用に、資料や画像などをここに保存しています。Google DocやDropbox《ドロップボックス》を使う会社も多いですが、無料枠ですと容量がすぐにいっぱいになってしまうため、資料や画像、動画などはクラウド保存のバックアップとしても外付けのSSDに保存していくとよいかと思います。

●コーヒーメーカーとミル

私の場合、コーヒータイムは必須。可能なかぎり豆から挽きたいため、豆を挽くミル(Russell《ラッセル》 Hobbs《ホブス》　電動コーヒーミル)と扱いが楽なコーヒーメーカー(Russell Hobbs　コーヒーメーカー5カップ用)を購入しました。

外観がメタリックで洗練されていますし、非常に機能的かつ使い方もシンプルなのでおすすめです。

挽きたてのコーヒーを淹れると仕事にも集中できますし、誰かが来た時にもよい香りが立ち込めます。コーヒーよりもお茶のほうが好きな方は急須やティーポットなどにこだわってみると楽しいと思います。カフェ代の節約にも大いに役立ちます。

卓上型IHクッキングヒーター

お湯はケトルで作ることができますが、ちょっとした調理など、オフィスにいてもレンジを使いたいなと思う場面があります。マンション型のオフィスですときちんとしたキッチンが備わっていますが、簡素な給湯コーナーしかないようなオフィスもあるでしょう。

私の場合は節約のため、ガスを通していないのでガスレンジは使えません。その代用として、コンセントに挿せばすぐに使うことができる卓上ＩＨクッキングヒーターはとても重宝しています。使わない時は、見えないところに片付けておくことができるのも便利です。

簡易宅配ボックス

前述しましたが、私は山善ブランドのソフト宅配ＢＯＸを愛用しています。なぜか留守中に宅配が届くことが多いので、これはとても便利です。ただの置き配だと不安な商品は、こちらに入れてもらうようにしています。

多目的廃棄物ノコギリ

ホームセンターでも販売されていますが、Amazonや楽天などで簡単に購入することができる万能ノコギリは、私自身買ってよかったと思うアイテムの1つで、オフィスだけでなく家庭でも使っています。

このノコギリがあれば、粗大ゴミの解体をすることができます。

例えば、絨毯やカーペットを丸めれば、輪切りのように裁断をすることができます。衣装ケースのようなプラスチックケース、傘立て、棚、ブラインドといった、レンガ、ステンレス、プラスチック、鉄などのあらゆる素材を切ることができる万能ノコギリなのです。粗大ゴミだと有料になってしまい、手間もかかりますが、このノコギリがあれば小さく裁断して、通常のゴミとして出すことが可能です。

絵葉書

前述しましたが、新しい出会いがあった時には、後日すぐにお礼の連絡をします。メールだと相手が返信をしないとならないため、相手に余計な手間がかかってしまいますし、

ルだと相手が返信をしないとならないため、相手に余計な手間がかかってしまいますし、それにまた返信したりするとチャットのようになってしまいがちです。

それを防ぐため、何か一方通行で完結するお礼の方法、連絡方法はないかなと考えていた時、絵葉書を出すことを思いつきました。そういえばまだインターネットが普及していなかった時代には、何かあると頻繁に絵葉書やハガキを送る習慣がありました。受け取った人にはとてもよい印象を持っていただけるし、相手に煩わしさがなくとてもよい方法だと思います。

ちなみにカード類は封筒を開ける手間がかかるのと、費用も高くつくため避けています。ハガキですと、コピー機で印刷が簡単にできるのがメリットですが、絵葉書だと絵や写真も楽しむことができ、また書くスペースも少なくて済むため、いろいろ文面を考えなくてよいので便利です。

今では旅行や美術館などに行くたびに、楽しみの1つとして絵葉書を購入してストックしています。

また、住所印（会社名や電話番号、住所など会社情報がまとまったスタンプ）は、必須です。

自転車

都会の街中では、ちょこっとした買い物やランチに行く時などに使えて、とても便利です。また地下鉄数駅分ぐらいの距離でしたら、ほどよい運動にもなりますし、気晴らしにもなります。荷物を入れるカゴ付きがおすすめです。

なお、保管する場所が必要になるのが唯一のデメリットです。また自動車が必須の郊外や地方都市であれば必要ないかもしれません。

ドアの補助錠

賃貸マンションやアパートでも同じなのですが、ドアの錠がたった1つのオフィスをよく見かけます。自腹だったとしても、借りる際にもう1つキーを付けたほうがよいと思いますが、そうできない場合、もしくはキーが2つあっても心配な方には、工事なしで自分で簡単に取り付けることができる補助錠を付ける方法があります。

ドアに挟んだ金具に本体を取り付けるだけで設置することができ、穴あけや工事は一切不要です。ピッキングが難しいディンプルキーを使用しているものも多く、防犯性に優れています。

オフィスの空き巣が心配な昨今、ぜひプラスワンのセキュリティとして検討してみてください。ドアの錠が多くあることを見せつけるだけでも効果があると思います。

貼るだけの便座シート

便座を温かくする機能を使っている方もいるかと思います。便座の常時保温は電気代がかさばる原因になりやすく、オフにするのも忘れがちです。そうなると週末も保温されたままの状態になってしまいます。

その解決方法として、フェルト（＋ＰＶＣ）素材でできた貼り付けるだけの便座シートだと、電気代がかからないのに暖かく快適に座ることができます。安いので頻繁に交換することができますし、洗濯をして繰り返し使うことができるものもあります。

防災グッズ・救急箱

災害が多い我が国ですので、防災グッズはぜひ一通り揃えておきたいものです。ホームセンターやネット販売で売っているような一般的なセットもので大丈夫です。

さらに、その付属品として特にあったほうがいいなと思うアイテムを紹介します。まず絆創膏《ばんそうこう》は必須です。これはカッターで手を切った時や冬場に手が荒れてヒビが入った時にも使えます。あと、東日本大震災の時はたまたまスーツ姿で革靴を履いていたのですが、運動靴がオフィスにあれば歩いて帰宅できたため便利だなと思いました。ヒールや革靴を履く方は、歩きやすい運動靴を一足常備しておくと安心です。

あと、洗顔シートもしくは濡れティッシュは、身体も拭ける大きめのものがあるとシャワーの代わりになります。カイロは冬場に重宝します。また女性の方はスキンケアなど化粧品のストックもしておいたほうがよいと思います。あとはホイッスル（笛）。もしも助けが必要な状況になった時、吹けば誰かが気づいてくれる可能性を高めるために持っておいたほうがよいと思います。

防災グッズと救急箱は、定期的に内容を見直しながら揃えておくと何かあった時に安心です。

ホワイトボードシート

私たちがよく見るオフィスで使うようなスタンド型のホワイトボードは、かさばって場所を取るため、ひとり起業ではあまりおすすめすることができません。しかも破棄する時は費用もかかるし、大変な苦労をすることになります。

でもホワイトボードがあれば、来客が来た時のミーティングに役立ちますし、忘れてはならないことや予定を書いたり、時には会社の経営戦略や夢、目標などを交通整理をしながらまとめてみたりと、とても便利で役に立ちます。

おすすめなのは、壁に貼るだけのホワイトボードシートです。サイズも大小多種多様で、壁があればそこに貼るだけでホワイトボードになります。平面だけでなく、デコボコした壁に貼るタイプのものまでありますし、マグネットタイプのシートを購入すれば、磁石も使えます。

シュレッダー

印刷で失敗した請求書、要らなくなった契約書、機密書類、過去に使った企画書、カード会社の明細、宛名が書かれた紙、期限が切れたクレジットカードなどを破棄する時には必要不可欠です。

豪華なものだと数万円するようなものもありますが、数千円の家庭用小型シュレッダーで十分です。手動型でも大丈夫ですが、電動型のほうが早くて便利です。USBや電池で動くものもあります。

なお、封筒などに記載されている個人情報を見えなくさせる、個人情報保護スタンプも便利です。こちらは百均ショップでも手に入ります。個人情報の管理は徹底したいものです。

いらなかったもの

信用金庫のアカウント

起業したての頃は信用金庫の口座を取得していました。地元であれば、口座を取得しやすい、そして小規模事業会社の味方だと思ったからです。

確かに商店など地元密着型の事業を営む方にとってはわざわざ集金に来てくれたり、夜間金庫が使えたり、また信頼関係さえ構築できていればローンも組みやすいなど利便性が高いのだと思います。またシニアの方にも優しいです。

ただ、私のようなコンサルティング事業を営む者にとっては、信用金庫のＩＴインフラが脆弱かつオンライン機能が古すぎて使いものにならない、日曜祝日はＡＴＭすら使うことができない、海外送金の手続きが煩雑で時間がかかりすぎる（できない銀行もある）、いちいち店舗に出向かないと何もできない、また信用金庫間であれば振り込み手数料が安いのですが、クライアントのほとんどが都市銀行やネット銀行を使っており、そうなると振り込み手数料がかなり割高になってしまうなど使い勝手に難があり、結局積極的に活用をすることができず解約に至ってしまいました。

今後のＩＴインフラ環境の変化を願います。

ガス

自宅オフィスの方やガス暖房を利用している方、シャワーが必須、料理が必須の事業であれば絶対的に必要ですが、そうでなければ実はガス代は無駄なお金です。

冬場にお湯が出ないと、手を洗う時に辛いという方もいると思いますが、それがもし気にならなければ、お湯が必要な際はケトルで沸騰させればよいわけで、それだけで月数千円を節約することができます。

塵も積もればばです。意外と無意識にガス代を支払いながらガスをまったく使っていないオフィスが多いので、ぜひ気にしてみてください。

ウォーターサーバー

特に冬場に顕著なのですが、水を飲みきれないでいるとサーバーのレンタル料金自体が無駄になってしまいますし、水も古くなってしまいます。おまけに結構な電気代がかかります。

ミネラルウォーターであれば、Amazonやヤフーショッピングなどでボトルを購入し、冷蔵庫に保管をしておくのが一番リーズナブルではないかと思います。お湯はケトルさえあれば簡単です。ウォーターサーバーのリース代、レンタル代といったようなものは年間で計算すると結構高くついてしまうのと、いったん契約するとその後は契約のことを忘れがちになってしまうため注意が必要です。

●観葉植物

私自身は観葉植物が大好きで、オフィスに潤いをもたらすため、置いたほうが素敵だと思っています。

しかし、土植えの植物が多すぎると、引っ越しや大掃除などで処分をする時が大変ですし、放置しておくと虫が湧いてしまいます。実は土は粗大ゴミ扱いになるのです。少量であれば新聞紙で包んで捨てたり、近くの公園などに撒くということもできると思いますが、量が多いと有料ゴミとして処理をしないとなりません。またその鉢やプランターの処分も、自治体によっては粗大ゴミとなってしまいます。

植物も破棄をする時のことを考えて購入したほうがよさそうです。

06

自分の代役はどうする？

万が一自分が倒れたら？　病気になってしまったら？　大企業であればいくらでもピンチヒッターがおり、長期間の入院などで仕事を休んだとしても会社もビジネスも回り続けます。

しかし、チームがいないひとり会社だとどうなってしまうのでしょうか？

パートタイマー、副業者、またランサーズやクラウドワークスなどを経由して業務サポートを継続してお願いしていて、その人が優秀であり、ある程度信頼を構築できる関係であったら、可能な範囲で構わないので、その人にもビジョンや理念、そして仕事の全体像を把握してもらうよう日頃から仕向けておきましょう。

信頼のおける人であれば、情報はオープンにし、もし自分が病気などで入院をしてしまっても何とか仕事が回っていくよう、自分のサブになってもらいます。

もちろん賃金は少し高めに設定して、パートタイマーや副業者であれば同じドメインのメールアドレスを共有します。

当初からビジョンや理念を共有しておけば、自分がいなくても小さな意思決定を委託することができて、問題はいろいろありながらも何とか業務が回っていきます。

また、同業者である程度の業務知識が備わっており、信頼のおける知人や友人がいたら、その人に一定期間を託すのも一案です。

郵便物の管理、支払い、Excelの入力、簡単なメール送信など事務的な作業であれば、業務知識のない友人や家族でもできるものは結構あります。

ひとり会社でも常にひとりではなく、オンラインでの業務委託やパート、副業者などを上手に取り入れれば1・5人〜3人ぐらいのチーム体制を目指すことは十分可能です。そういう意味でも、昨今における副業者の増加傾向は我々には追い風です。

もちろん、万が一（自分に何かあった時）というのは滅多に起こることではありませんが、小規模事業だからこそ、**常に備えは考えていたほうがよい**と思います。そしてその万が一さえ起こらなければ、会社は継続します。そして私たち自身が健康でありさえすれば、何かが起こっても何とか対処することができます。

また先述しましたが、商工会議所では何かあった時のリスクヘッジとして共済制度が完備されており、リーズナブルな掛け金でその万が一に備えることができます。

ひとり起業では、自分が欠けるだけで会社運営が一転してしまいがちです。しかし普段から頭の中で万が一を想定しておくだけでも、何かあった時の対応は変わっていきます。

だからこそ、健康であることは最も大切なことです。仕事中でも日中でも、時間ができた時には運動をする習慣を。

午前や日中にジムに行ったりジョギングや散歩をしたり、マッサージを受けたりすることができる時間的自由というのは、**起業した者だけが味わえる特権の1つなのですから。**

第9章のポイント

時間管理の自由は、起業した人だけが味わえる特権！　起業生活を楽しもう。

おわりに

●ひとり起業は自己実現や自分を成長させるチャンス

起業や独立という言葉をイメージすると、メディアを賑わす連続起業家、ブームに乗って短期間で社員100人を抱える企業へ成長、ファンド会社が参画して数年後にIPO（株式上場）を目指す、MBO（売却）をして大金を手に入れるなど、氷山の一角であることがまるで自分の周りに多く存在しているような妄想をしがちです。

これはメディアがそのような面を煽《あお》っていることも一因としてあるかと思っています。

しかし自分も実際に起業をしてみて感じたのは**「世の中にはこんなにも多くの小規模会社が存在しているのだ」**という驚きです。

異業種懇親会や政府・行政が主催する勉強会などに行ってみて出会った会社の多くはひとりの会社、もしくはスタッフが数人の小さな事業会社でした（士業の方やフリーランスの方などを含む）。そしてその多くの人たちは、過去には会社員として働いており、なんらかの事情や理由で独立や創業を果たした人たちでした。

そのような規模感の会社や組織ですと、例え業界は異なっていても、直面する困難や課題、そしてそれらに対する切り抜け方は似通っています。

また、何かを達成をした時に感じる喜びなども、共感できる部分がかなり多いのではと感じます。

日本には小規模会社が数多く存在しているのに、メディアを通して伝わってくる情報は大企業の成功物語やマーケティング理論みたいな壮大なスケールの事例が多く、等身大の赤裸々な体験談やそこからどう解決していったのかなど、実際の仕事で役に立つようなヒントはあまり見当たりません。

私自身もそうですが、**多くのひとり社長たちが、ひとりで不安や悩みでいっぱいになりながら日々経営に奔走しているという現実**を実際にこの目で見てきたことが、本書を執筆するきっかけとなりました。

持ち家と賃貸が違うように、起業した人と会社員ではその構造から働き方まで何もかもが違います。

会社を運営することというのは、子どもを育てる感覚と少し似ているかもしれません。

目標はあれど、いったい自分たちはどこに向かっているのか、どうしたらよいのかなど分からないことだらけ。

でもそれらをひとつひとつ何とかこなして進んでいかないと、一歩前へ進むこともできない。自らネット検索をして調べたり、誰かを見つけて自発的に相談をしたり、アクションを起こし続けて、何とか目の前の心配ごとや業務をこなしながら徐々に前へ進んでいくのです。

実際のところ、会社運営はとても地味で孤独、そして長い旅路でもあります。それでも前進をして前を切り開いていくことに意義があり、試行錯誤を続けて頑張っているうちに希望や夢に近づいていく。これが起業や独立という言葉の真髄だと考えています。

最初にも述べましたが、粘り強く孤軍奮闘していくのであれば、今まで出会うこともなかったような新しい人たちとの素晴らしい出会いが生まれ、会社はジワジワと動いていきます。チームや関わる多くの人たちとの不思議な相互作用によって、ビジネスは少しずつパワーアップし、好転反応が起こり始めます。起業というのは本当に不思議です。

同時に起業後は、自分の会社という武器を用いて、常に自分自身を管理運営し、表現していく能力が求められます。**その自己表現力を通して、社会の中での自分の立ち位置や居場所を作っていくことで、社会からも頼りにされるのです。**

これは実際にとても楽しいことで、言葉では表すことができないような達成感や充実感を伴います。

もちろん起業にはリスクもありますが、そのリスクを取って例え失敗したとしても、昨今ではまたいつでもやり直すことが可能です。**人生という道のりの中、やって後悔するよりやらないで後悔するほうが、最後に大きな後悔をすると思います。何か道に悩んだらとにかく挑戦してやってみるという判断こそ、起業者の醍醐味なのではないかと信じています。**

よく会社員の方が「こんな人生はつまらない」「なんで私はこんな会社で働いているのだろう」「仕事だけの人生は嫌だ」「こんなに残業して頑張っているのに上司が私を評価してくれない」なんてことをよく話したりしていますが、日々を創造していく起業者である私たちにとっては考えられないことです。

そのような非生産的なことに対応している時間や余裕は起業者にはありません。

前を切り開いていこう。大丈夫。きっと、うまくいく！

昨今は、国内外の状況の変化とともに私たちの社会も急速に変化を遂げており、年功序列や終身雇用体制が徐々に崩れ始め、働き方改革や女性の活躍、そしてマイノリティの活躍が提唱され始めたり、副業、独立、フリーランス、会社起業など様々な仕事のスタイルや働き方が世の中を賑わしています。

企業の中には45歳定年を提案する社長まで出てきています。そして同時に、人生のあり方も多様化し始めています。

人の行く裏に道あり、花の山。

この混沌とした時代にこそひとり起業はチャンスです。社会が多様化している今こそ、ぜひ多くの会社員の皆さまにも起業へチャレンジしていただき、これまでの自分の生き方を変えてみたり、自己実現や自身の成長を遂げていってほしいと思います。

そしてその先には、苦労を覆すような本当に素晴らしいことや出会いがたくさんあることを本書の締めの言葉にしたいと思います。

多くの皆さまに本書が参考になり、今後の起業生活の中における心の支えになっていくことができれば幸いです。そしてその過程において、迷ったり悩んだりした際には本書を読み直してみてください。

ひとり起業は確かに苦しいこともありますが、同時に自分の夢を叶えていく人生の大きなチャンスです。大丈夫、苦しいことは乗り越えることができます。

そして、きっとうまくいく！　必ずうまくいきます！

皆さまの幸せを願って

長岡 吾朗

起業は自分の将来の生き方を変える手段です。苦労を覆すような素晴らしい出来事や出会いがたくさんあります。

著書紹介

長岡 吾朗（ながおか ごろう）

株式会社室町屋代表取締役

広報 PR プロデューサー

1973年、東京都港区生まれ。郵船航空（現: 郵船ロジスティクス）に入社。カナダ・トロント支社に勤務しながらトロント市の放送局にて、日系人向け情報番組の制作とレポーターに従事。帰国後は、米国系テレビ放送事業会社バイアコムインターナショナル（現：パラマウント・グローバル）を経て、米国系広告代理店オグルヴィ・アンド・メイザージャパン（現：ジオメトリー・オグルヴィ・ジャパン）のPR部門などで外国政府・IT・ファンド・観光・ホテル・航空・重工業・物流・食品・製薬などの広報PR活動を数多く担う。2007年にモトローラジャパンへ出向。

2009年、株式会社室町屋を創業。国内外における企業・行政などの広報PR活動に携わる。また、国内最大級のPR会社サニーサイドアップと提携し、プロデューサーとして米国系民泊サービスやIT機器メーカーなどの広報活動に従事。

立教大学博士課程前期課程修了。国際コミュニケーション活動に関する功績により都知事賞を受賞。

●お問い合わせ先　info@muromachiya.co.jp

●カバー / 本文イラスト　河合 美波
●カバーデザイン　ランドリーグラフィックス

ひとり起業《きぎょう》は苦《くる》しい。だけど、乗《の》り越《こ》えられる

発行日　2024年　3月31日　第1版第1刷

著　者　長岡《ながおか》　吾朗《ごろう》

発行者　斉藤　和邦
発行所　株式会社　秀和システム
〒135-0016
東京都江東区東陽2-4-2　新宮ビル2F
Tel 03-6264-3105（販売）Fax 03-6264-3094
印刷所　日経印刷株式会社

ISBN978-4-7980-7229-6 C3034